해방 후
정부 수립과
여운형

다큐동화로 만나는 한국 근현대사 ❾
해방 후 정부 수립과 여운형

1판 1쇄 발행 | 2012. 9. 14.
1판 2쇄 발행 | 2020. 2. 20.

이정범 글| 백명식 그림

발행처 김영사
발행인 고세규
등록번호 제406-2003-036호
등록일자 1979. 5. 17.
주소 경기도 파주시 문발로 197(우10881)
전화 마케팅부 031-955-3100 편집부 031-955-3113-20
팩스 031-955-3111
사진 제공 권태균 연합포토

ⓒ 2012 이정범·백명식
값은 표지에 있습니다.
ISBN 978-89-349-5904-5 74900
ISBN 978-89-349-5458-3 (세트)

좋은 독자가 좋은 책을 만듭니다. 김영사는 독자 여러분의 의견에 항상 귀 기울이고 있습니다.
전자우편 book@gimmyoung.com | 홈페이지 www.gimmyoungjr.com

이 책의 사진은 해당 사진의 저작권자의 허락을 받아 실었습니다.
저작권자를 찾지 못해 게재 허락을 받지 못한 사진은 추후라도 허가를 받겠으니 연락 바랍니다.

어린이제품 안전특별법에 의한 표시사항
제품명 도서 제조년월일 2020년 2월 20일 제조사명 김영사 주소 10881 경기도 파주시 문발로 197
전화번호 031-955-3100 제조국명 대한민국 ⚠주의 책 모서리에 찍히거나 책장에 베이지 않게 조심하세요.

다큐동화로 만나는 한국 근현대사 · ⑨

해방 후 정부 수립과
여운형

이정범·글 백명식·그림

주니어김영사

다큐동화 ❾ 해방 후 정부 수립과 여운형

머리말

아직은 근현대사가 낯선 어린이들에게

   이 책은 '다큐동화로 만나는 한국 근현대사' 시리즈의 아홉 번째 권입니다. 어린이들에게는 다큐동화라는 말이 낯설게 여겨질지도 모르겠습니다. 여기에서 '다큐'란 다큐멘터리의 줄임말로 글이나 사진, 영상물 등으로 남겨진 사실적인 기록을 뜻하며 '기록 문학'이란 말과 비슷한 용어입니다. 그러니까 다큐동화는 '사실적인 기록에 바탕을 두어 동화처럼 꾸며 낸 이야기'라고 볼 수 있습니다.

   모두 15권으로 이뤄진 이 시리즈는 우리나라 근대와 현대를 움직였던 인물을 중심으로 가까운 과거의 이야기를 정리한 역사책입니다. 따라서 우리 부모님과 조부모님, 더 나아가서는 증조부모님이나 고조부모님이 어렸을 때의 나라 사정이 어땠는지, 그분들이 어떻게 지금과 같은 사회를 만들었는지 이 시리즈를 통해 생생하게 느낄 수 있으리라 봅니다.

   근현대사는 고조선, 삼국 시대, 고려, 조선 시대의 역사보다 훨씬 실감 나며 현대 사회에 직접적인 영향을 주고 있습니다. 그래서 국사 교과서를 보더라도 근현대사가 고대사와 중세사를 합친 것만큼의 비율을 차지할 정도로 중요하게 다루어집니다. 다만 가까운 과거의 이야기이다 보니 역사적인 평가를 내리는 일이 여간 까다롭지 않습니다. 똑같은 사실을 두고도 그것을 보는 사람들의 이념과 입장에 따라 크게 다르거나 아예 정반대로 해석하는 일도 많습니다.

이 시리즈는 우리나라 국민의 자유와 평등, 정의로운 사회, 민주주의, 그리고 자주독립과 민족 통일을 위해 애쓴 분들을 각 권의 중심인물로 다루었습니다. 미처 소개하지 못한 분들도 많이 있지만 여기에 등장하는 인물만으로도 우리 근현대사의 흐름을 한눈에 살펴보기에 충분할 것입니다.

　이번 책의 주인공은 독립운동가로 활약한 몽양 여운형입니다. 여운형은 신한청년당을 조직한 정치인이었으며 뛰어난 학식과 언변으로 일본 정치인들의 코를 납작하게 만든 독립운동가였습니다.

　일찍이 일본의 패망을 내다본 여운형은 해방 한 해 전에 '조선건국동맹'이라는 조직을 만들어 해방 후의 혼란을 막고 자주 정부를 세워 나갈 기틀을 마련했습니다. 그러나 해방 후 좌익과 우익의 극심한 대립 속에서 통일 정부를 세우려다가 1947년에 암살당했습니다.

　이 책에서는 여운형을 중심으로 한 독립운동 과정뿐 아니라 해방 직후 우리나라의 혼란했던 사정과 남북 분단, 대한민국 정부 수립 과정 등을 소개하고 있습니다. 이 같은 역사적 사실과 함께 여운형이 세상을 떠난 뒤 60여 년 만에야 건국 훈장 대한민국장을 받은 이유에 대해서도 살펴보기 바랍니다.

2012년 9월, 이정범

차례

머리말 _4

꿈속에서 본 햇살 _9
지식의 폭을 넓히는 역사 수첩 _ 충정공 민영환 _22

신한청년당과 대한민국 임시 정부 _23
지식의 폭을 넓히는 역사 수첩 _ 좌익과 우익 _40

일본을 뒤흔든 '여운형 사건' _41

16년 만의 귀국 _58

비밀 조직, 조선건국동맹 _69
지식의 폭을 넓히는 역사 수첩 _ 중일 전쟁 _85

갑자기 찾아온 해방 _86
지식의 폭을 넓히는 역사 수첩 _ 정부 수립과 건국의 차이는 무엇일까? _98

조선 총독부와 미군정 _99
지식의 폭을 넓히는 역사 수첩 _ 제국주의, 민족주의, 사회주의 _111

뜨거운 감자가 된 신탁 통치 _112
지식의 폭을 넓히는 역사 수첩 _ 여운형은 공산주의자였을까? _124

미스터리로 남은 죽음 _125
지식의 폭을 넓히는 역사 수첩 _ 중국 혁명의 아버지, 쑨원 _138

깊이를 더하는
역사 수업 ▶조선 총독부 건물의 운명_139

(꿈속에서 본 햇살)

　여운형은 1886년 4월, 경기도 양평에서 태어났다. 여운형의 어머니가 임신했을 때 하루는 꿈속에서 따뜻한 햇살이 비치는 것을 보았다. 하루빨리 손자가 태어나길 바라던 여운형의 할아버지는 꿈 이야기를 듣고 손자에게 꿈 몽(夢), 볕 양(陽) 자를 써 몽양이라는 호부터 지어 주었다.
　할아버지는 갓 태어난 몽양을 번쩍 들어 안으며 크게 감탄했다고 한다.
　"허허허! 그 녀석, 장차 임금이 되겠구나."
　그 무렵에는 이런 말을 함부로 해서는 안 되었다. 왕은 오직 한 사람이어야 하기 때문이다. 아무리 잘생기고 학식과 인품이 뛰어나더라도 '저 아이는 장차 왕이 되겠어.'라고 말한다면 그렇게 말한 사람은 물론 그런 평가를 받은 아이마저 역모죄로 처형당할 수 있었다.
　요즘 아이들이 '나는 커서 대통령이 될 거예요.'라고 말하면 '그래, 큰 꿈을

가졌구나. 열심히 노력해서 훌륭한 대통령이 되거라.' 하며 칭찬해 주지만 옛날에는 감히 입에도 담지 못할 말이었다.

그런데 여운형의 할아버지는 왜 그렇게 위험한 이야기를 꺼낸 것일까? 여운형의 집안은 대대로 높은 벼슬을 지낸 명문이었다. 그렇기 때문에 왕의 자리를 넘보는 말은 더더욱 입 밖에도 꺼내지 못할 상황이었지만 여운형의 할아버지가 그런 말을 한 것은 그만큼 손자가 비범해 보였기 때문이다.

물론 할아버지라면 누구나 자신의 손자를 대견하게 여겨 장차 큰 인물이 될 것이라 기대하겠지만, 여운형은 특히 이목구비가 시원했고 키가 훤칠했으며 성격이 대범해서 누구든 첫눈에 반할 정도였다고 한다.

그러니 할아버지 여규신이 크게 기뻐하고 감탄한 것은 어쩌면 당연하다. 그래서인지 여운형은 어려서부터 할아버지의 영향을 깊이 받았다. 여규신은 유학자였지만 중국에 대해 적대적인 감정을 가지고 있었다.

"중국은 오래전부터 조선을 속국으로 여겨 내정 간섭과 조공을 강요했다. 이처럼 우리 민족을 무시해 왔으니 조선이 얼마나 큰 모욕을 당한 것이냐. 그러니 더 이상 그들에게 무시당하지 말고 아예 중국을 정벌해야 한다."

여규신은 평소 이렇게 주장하던 끝에 뜻을 같이 하는 선비들과 비밀 단체를 조직했다. 그러다 정체가 드러나 평안도의 영원이라는 산골짜기로 유배를 당했다가 몇 년 만에야 풀려났다.

당시 대부분의 양반이 조선을 작은 중국이란 뜻의 '소중화'로 부르며 중국을 떠받들었기에 여규신의 사상은 매우 놀랍고 선구적이었다. 여운형의 나이 열 살 무렵에 조직된 '독립 협회'는 한국의 자주독립과 정치 개혁을 목표로 삼은 단체였다. 여기서 독립이란 사실 중국으로부터의 독립을 뜻했다. 이런 점에서도 여규신의 사상이 얼마나 앞선 것인지 짐작할 수 있다.

▲ **여운형** |신한청년당을 조직한 정치인이었으며 뛰어난 학식과 언변을 갖춘 독립운동가였다.

여운형은 이처럼 기개가 높은 할아버지뿐 아니라 어머니의 영향도 많이 받았다. 여운형의 어머니는 통이 크고 대범한 성격이라 '호랑이 마님'이라고 불릴 정도였다. 어머니는 별명처럼 몸집이 크고 힘도 장사여서 두 사람이 들어야 할 만큼 무거운 물건도 혼자서 가볍게 옮겼으며, 남에게 지는 걸 참지 못하는 성격이었다.

하루는 여운형 집의 노비가 다른 집 노비에게 매를 맞고 울면서 돌아왔다.

"너 왜 우는 것이냐?"

호랑이 마님이 물었다.

"아랫마을 박 대감 댁 노비 녀석에게 그만……."

노비가 이렇게 대답하자 여운형의 어머니는 버럭 화를 냈다.

"이런 못난 녀석, 당장 울음을 그치지 못하겠느냐? 여봐라! 돌쇠 어디 있느냐?"

곧이어 돌쇠가 나타나자 어머니가 명했다.

"넌 당장 박 대감 댁으로 가서 이 아이를 때린 녀석을 혼내 주어라. 그래서 다시는 우리 집 노비들을 업신여기지 못하게 해야 한다."

여운형의 어머니에게는 이런 기개가 있었다.

이에 비해 아버지 여정현은 정직하고 청렴했으며 모든 일에 엄격했다. 하지만 소극적인 성격 탓에 작은 일에 매달리는 경우가 많았다고 한다. 훗날 여운형은 다음처럼 할아버지와 부모님을 회상하는 글을 쓴 적이 있다.

······ 나는 항상 현실의 조그마한 집안일에 매달려 있으려는 소극적이고 타협적인 아버님을 위해 좋은 아들이 될 수는 없었다. 그보다는 남아의 의기와 기개를 고취하기에 게으르지 않는 어머니와 뜻이 맞았으며, 항상 무릎 위에 나를 안고서 중원의 천하를 논하고 중국에 대한 길을 가르쳐 주시던 불우의 혁명가인 할아버지의 감화가 나를 많이 지배하였던 것이다.

이런 기록처럼 여운형은 아버지보다 할아버지와 어머니의 영향을 많이 받았다. 여운형은 어릴 때 장난을 잘 치는 아이였고 신분이 낮거나 가난한 이웃과도 허물없이 지냈다. 그래서 여운형에게는 양반과 상민을 가리지 않고 친구가 많았다. 하지만 여운형의 아버지는 양반이 상민과 어울려 지내는 걸 엄하게 막았다.

여운형이 일곱 살쯤 되던 해의 어느 봄날이었다. 가까운 친구 집에 놀러 갔던 여운형은 친구 집 마당에 탐스럽게 열린 앵두를 실컷 따 먹었다. 그 친구네는 상민 신분이라 양반집 도련님인 여운형을 어려워했다.

당시 상민은 조선 사회를 떠받치는 기둥과 같았다. 상민은 양반보다 낮고 노비보다 높은 신분이었다. 그러나 열 명 중 여덟 명은 상민이라 할 수 있을 정도로 숫자가 많은 계층이었다. 그런데도 당시에는 상민을 '상놈'이라고 낮춰 부르기 일쑤였다. 우리가 알고 있는 욕 중 '쌍놈'이라는 말은 바로 상민 신분을 낮춰 부른 데서 비롯된 것이다.

여운형은 남의 집에서 앵두를 따 먹은 게 부끄러워 상민 친구의 아버지가 나타나자 부리나케 도망을 쳤다.

"애야! 괜찮다. 그냥 따 먹어도 된다."

친구의 아버지가 말렸지만 여운형은 울타리의 개구멍으로 도망치다가 얼굴에 작은 상처가 났다. 이 일을 알게 된 여운형의 아버지는 버럭 화를 내며 노비를 불렀다. 당장 그 집의 앵두나무를 도끼로 찍어 없애라는 지시가 떨어졌다.

이때 여운형이 말했다.

"아버지, 제가 잘못한 것인데 왜 그 집 앵두나무를 없애라고 하세요?"

"이 녀석! 양반이 어찌 상놈의 집에 들어가 앵두를 따 먹는단 말이냐? 네가 다시는 그 집에 가지 못하게 하려고 그 나무를 없애라고 했다."

"하지만 상민으로 태어난 제 친구도 불쌍하고 아무 죄 없는 앵두나무도 불쌍해요. 제발 그렇게 하지 마세요."

"이 녀석이 감히 아버지한테 꼬박꼬박 말대답이야? 당장 들어가 책을 읽지 못하겠니?"

이런 일은 그 뒤에도 여러 번 있었다. 하루는 나이 많은 상민이 여운형과 이야기를 나누다가 우스갯소리를 했다. 그런데 여운형의 아버지와 집안 어른이 그 일을 전해 듣고는 그 상민을 붙잡아다 마당에 꿇어앉혔다.

"감히 상놈이 양반집 도련님에게 농담을 해?"

"아이고, 잘못했습니다요. 두 번 다시는 그러지 않겠습니다."

"어림없는 소리. 여봐라, 저놈을 죽지 않을 정도로 두들겨 패라."

이런 모습을 볼 때마다 여운형은 상민과 노비들을 가엾게 여겼으

며 양반들의 신분 차별에 큰 불만을 가지게 되었다. 그 결과 여운형은 청년 시절에 신식 교육을 받은 뒤 고향에 돌아가서 가장 먼저 자기 집 노비들을 해방시켰다.

"여러분은 이제 우리 집 노비가 아닙니다. 그러니 모두들 나가 자유롭게 사세요. 사람은 누구나 태어날 때부터 평등한 것이니 더 이상 낡은 제도에 얽매여서는 안 됩니다."

그 무렵은 갑오경장에 따라 신분 차별을 없애기 시작한 때였다. 그럼에도 양반들은 대부분 개혁 정책을 따르지 않았다. 그런 때여서 여운형이 노비를 해방시켰다는 소식을 들은 다른 양반들은 여운형을 비난했다. 양반들은 여운형에게 편지를 보내거나 직접 찾아와 시비를 걸기도 했다.

"자네 때문에 우리 양반들이 노비를 부릴 수 없게 되었으니 어떻게 책임질 것인가?"

"미국과 같은 나라에서는 벌써 40여 년 전에 노예를 해방시켰소. 인간은 누구나 평등하고 자유롭게 살 권리가 있는데 우리 조선의 양반들만 시대의 흐름을 따르지 않고 낡은 껍데기를 버리지 못하고 있으니 참으로 답답한 노릇이오. 이렇게 해서야 조선이 어떻게 다른 나라와 어깨를 나란히 할 수 있겠소?"

따지러 온 사람들은 여운형의 말을 듣고는 대꾸도 못한 채 물러나기 일쑤였다.

여운형은 어려서부터 남에게 베풀기를 좋아해서 친구들을 만나면 호주머니에 있는 동전이나 집 안에 있는 물건들을 나눠 주기 일쑤였다. 여운형의 아버지는 틈만 나면 여운형의 그런 면을 야단 쳤다.

"네 녀석처럼 하다간 우리 집안이 망하고 말 것이다."

여운형은 꾸지람을 들으면서도 어려운 이웃을 돕는 일을 그치지 않았으며 특히 상민이나 노비일수록 더욱 잘 보살펴 주었다. 그래서 마을 사람들은 늘 여운형을 칭찬하며 장차 큰 인물이 될 것이라 했다.

"저 아이는 아직 어리지만 겸손하고 훌륭한 인품을 가졌어. 나중에 반드시 큰 인물이 될 거야."

여운형은 열네 살 되던 해인 1899년에 장가를 들었다. 그 무렵에는 열서너 살에 결혼을 하는 게 보통이었다.

여운형은 결혼한 이듬해에 신학문을 배우기 위해 서울로 올라갔다. 그 무렵 덕수궁 옆 정동에는 배재 학당이라는 서양식 학교가 있었다. 배재 학당은 미국인 선교사 아펜젤러가 1885년에 세운 것으로 처음에는 2명의 학생으로 시작해 얼마 지나지 않아 우리나라 최고의 교육 기관으로 손꼽히게 되었다.

여운형이 배재 학당에 다니게 된 것은 친척 아저씨 여병현 덕분이었다. 여병현은 일찍이 미국에서 유학을 마치고 돌아와 배재 학당에서 영어를 가르치고 있었다. 하지만 여운형이 배재 학당에 다닌 것은 1년 남짓이었다. 조금만 더 다녔다면 무사히 졸업을 했을 텐데 사소한 일을 계기로 전학을 갔기 때문이다.

여운형은 어려서부터 육상과 축구, 농구, 권투, 유도, 택견, 철봉, 수영 등 못하는 운동이 없을 정도로 운동을 좋아했다. 배재 학당을 다니면서도 매일 운동을 즐겼다.

그러던 어느 월요일 아침이었다.

배재 학당 학생들은 일요일마다 예배에 참석해야 했고 그다음 날 월요일에는 선생님이 그것을 조사했다.

"어제 일요 예배에 빠진 학생은 손들어라!"

선생님의 말씀이 끝나기가 무섭게 한 학생이 손을 들었다. 바로 여운형이었다.

"자네 혼자뿐인가? 왜 예배에 참석하지 않았지?"

선생님이 묻자 여운형은 솔직히 대답했다.

"어제 아침 친구들과 남산에서 운동을 하느라 예배에 참석할 수 없었습니다."

"그래도 일요 예배에는 반드시 참석해야지. 자넨 수업이 끝나는 대로 한 시간 동안 자습을 하게."

선생님이 벌을 내리자 여운형은 조금 억울했다.

"선생님! 제가 알기로는 일요 예배에 참석하지 않은 친구들이 저 말고도 많습니다. 그런데 정직하게 사실을 밝힌 학생에게는 벌을 주고 사실을 숨긴 학생은 그냥 넘어간다면 불공평한 일이 아닐까요?"

"어쨌든 예배에 참석해야 한다는 교칙을 어겼으니 벌을 받아야 한다."

이 일로 여운형은 배재 학당의 방침에 큰 불만을 가지게 되었고 결국 이듬해에 흥화 학교로 옮겼다.

애국지사 민영환이 세운 흥화 학교에서는 영어와 일본어, 측량 기술 등을 가르치고 있었다. 민영환은 미국, 유럽 등을 두루 돌아보고 귀국한 뒤 한국 학생들에게 서양 문물을 알리기 위해 흥화 학교를 세운 것이다.

그런데 여운형은 흥화 학교마저 졸업하지 못한 채 1902년에는 나라에서 세운 우체 학교로 옮겨야 했다. 그 무렵에는 사립 학교에 비해 우체 학교 졸업생들의 취직이 보장되었다. 당시 여운형은 집안 형편이 어려워진 것을 알게 되어 우체 학교로 옮겨 집안에 보탬이 되려 했던 것이다. 그러나 여운형은 그곳에서도 졸업을 하지 못했다. 1905년에 맺어진 을사조약 때문이었다.

을사조약으로 한국은 실질적으로 일본의 지배를 받게 되었다. 따라서 우

체 학교를 운영하던 대한 제국의 통신원(通信院)이라는 기관도 일본인이 관리하기 시작했다. 그 일에 분노한 여운형은 동료 학생 20여 명과 함께 통신원에서 일본인을 몰아내자는 시위를 벌였다.

하지만 일본이 요구를 받아들이지 않자 졸업을 한 달 앞두고 학교를 그만두었다. 졸업만 하면 매달 27원의 월급을 받는 취직 자리가 보장되는데 그 길을 스스로 포기한 것이다. 이 소식을 들은 아버지가 여운형을 만류했다.

"네가 일본인들에게 저항한 것은 옳은 일이지만 너 혼자 힘으로 기울고 있는 나라를 어찌 바로 세우겠느냐? 그러니 학교를 졸업해 관리가 되는 게 낫지 않겠느냐?"

"하지만 일본인들 밑에서 국록을 받는 건 부끄러운 일입니다."

여운형이 이렇게 고집을 꺾지 않자 여운형의 아버지도 더 이상 졸업을 강요하지 못했다.

"정 그렇다면 네 뜻대로 하거라."

한편 이 무렵, 흥화 학교를 세웠던 민영환은 을사조약으로 나라가 망하게 되었다며 스스로 목숨을 끊었다. 당시에는 민영환처럼 일본에게 통치당하는 것을 부끄럽게 여겨 자결을 택한 애국지사들이 여럿 있었다. 나라 곳곳에서 의병(을사 의병)이 일어났고, 지식인들은 국권을 되찾기 위해서는 모든 국민의 의식 수준을 높이고 근대 문명을 받아들여야 한다며 개화 운동과 계몽 운동을 펼쳐 나갔다.

비록 우체 학교를 그만두었지만 여운형은 스승 민영환을 존경했다. 그렇게 존경하는 스승이 울분을 참지 못해 숨지자 여운형은 스승이 남긴 유언을 한 자도 빼놓지 않고 외우곤 했다.

국록 | 나라에서 주는 녹봉(봉급)을 말한다.
국권 | 나라가 행하는 권력인 주권과 통치권을 말한다.

▲ **을사 의병** 1905년, 을사조약이 강제로 체결되자 조약의 파기를 주장하기 위해 일어났다.

……동포 형제는 더욱 분발하고 힘써,
의지와 기개를 굳게 하며 학술을 닦아
마음과 힘을 합하여서 다시금 우리의 자유 독립을 찾을진대,
죽은 이 몸도 저 세상에서 기쁨을 금치 못하리니,
아아 동포여 조금도 실망을 말지어다……

- 민영환의 유언 중에서

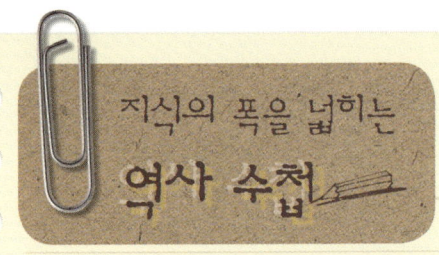

충정공 민영환

서울 서대문 로터리에서 아현 삼거리까지의 도로를 충정로라고 한다. 이 도로 이름은 조선 말기의 애국지사 민영환의 시호인 충정공에서 따온 것이다.

1861년에 태어난 민영환은 명성황후의 가까운 친척이었다. 민영환이 청년이 되었을 무렵 명성황후와 민영환의 친척들은 '민씨 세도 정권'을 누리고 있었다. 그 덕분에 민영환은 과거에 급제한 이후 하루가 다르게 벼슬이 높아졌다. 민영환은 젊은 나이로 병조 판서, 예조 판서, 형조 판서 등을 지냈으며 서른네 살 때인 1895년에는 주미전권공사, 특명전권공사 등으로 임명되어 서양 각국을 두루 다니며 견문을 넓힐 수 있었다.

그 결과 민영환은 일찍이 서양 여러 나라를 모델로 삼아 정치 제도를 개혁하고 민권을 높이는 등 개화사상을 실천해야 한다고 주장했다. 하지만 이 같은 주장 탓에 민영환은 가까운 친척이며 당시 최고의 권력을 누리던 민씨 정권의 미움을 사고 만다. 그런데도 민영환은 친일파 대신들과 일본의 침략 야욕을 비판하는 데 앞장섰다.

1905년 을사조약이 맺어졌을 때, 민영환은 조병세 등 수많은 대신을 이끌고 궁궐로 가 을사조약에 반대하는 시위를 벌였다. 그러나 일본 헌병들이 그들을 강제로 해산시켜 뜻을 이루지 못했다. 그날 집으로 돌아간 민영환은 빼앗긴 나라를 되찾아 달라는 유서를 남기고 스스로 목숨을 끊었다. 정부는 1962년, 민영환의 애국심을 높이 기리는 뜻으로 건국 훈장 대한민국장을 추서했다.

▲ 충정로의 현재 모습

(신한청년당과 대한민국 임시 정부)

여운형이 우체 학교를 그만두고 고향으로 돌아갈 무렵 가까운 가족들이 차례대로 세상을 떠났다. 1903년에는 부인이 세상을 떠났고 1905년에는 여운형에게 큰 영향을 주었던 어머니가, 그 이듬해에는 아버지가 돌아가셨다.

여운형은 슬픔을 참으며 동생 여운홍과 함께 낮에는 농사를 짓고 밤에는 사서삼경 등을 읽으며 지냈다. 그런가 하면 날마다 운동을 하며 체력을 단련하는 것도 잊지 않았다. 여운형은 본래 운동을 좋아하기도 했지만 '체력은 국력'이라는 말을 몸소 실천하기 위해 당시 사람들이 관심을 가졌던 모든 스포츠를 익혀 나갔다.

그 결과 키가 크고 미남이었던 여운형은 천하장사처럼 체력도 강했다. 벼 한 가마니쯤은 가볍게 들어 올렸으며 한번은 타고 가던 배가 한강에서 뒤집히자 사람들을 모두 구한 뒤 뒤집힌 배를 혼자서 들어 올렸다고 한다. 급기야 여

사서삼경 《논어》《맹자》《중용》《대학》의 네 경전과 《시경》《서경》《주역》의 세 경서를 말한다.

운형이 천하장사라는 소문이 돌기도 했다.

"양평에 사는 여운형이란 사람은 물속에서 10리(약 4킬로미터)를 간다더군."

"그뿐인가? 지붕을 휙휙 넘어 다닐 수 있대."

이런 소문은 과장된 것이지만 그만큼 여운형의 체력이 강했다는 것을 말해 준다.

농사 짓기와 책 읽기, 스포츠 등으로 바쁘게 지내던 여운형은 1907년부터 마을 청소년들을 자기 집 사랑방에 모아 지리와 역사, 산술(산수) 등의 신학문을 가르치기 시작했다.

그 무렵, 고종 황제는 을사조약의 부당함을 전 세계에 알리기 위해 이준 등의 밀사를 헤이그로 파견했다. 하지만 이미 일본에게 외교권을 빼앗긴 때여서 이준은 뜻을 이루지 못한 채 헤이그에서 순국했다. 일제는 헤이그 밀사 파견 사건을 빌미로 고종 황제를 몰아낸 뒤 정미 7조약을 맺게 했다. 그 일로 다시 전국 각지에서 의병(정미 의병)이 일어났다.

의병들은 학문이 깊고 체력이 강한 여운형을 의병 대장으로 추대하려 했다. 여운형 역시 당장이라도 의병을 이끌며 나라를 구하는 일에 앞장서고 싶었다. 하지만 가장으로서 집안일을 돌봐야 하는 데다 아직 부모님의 삼년상이 끝나지 않아 고향을 떠날 형편이 아니었다.

이런 때여서 여운형은 자기 힘으로 국권을 되찾는 길이 무엇일까 깊이 고민했다. 그러다가 '연못에 가서 고기를 탐내는 것은 물러나 그물을 짜는 것만 못하다'는 고사성어를 떠올렸다. 이 말은 마음만 앞세우지 말고 실천에 옮길 수 있는 일부터 하는 게 낫다는 뜻이다. 여운형이 자기 집 사랑방에서 아이들을 가르치게 된 것은 그런 결심 때문이었다.

여운형은 사랑방 학교에 머물지 않고 얼마 후 '광동 학교'라는 이름으로 정

삼년상 | 부모님이 돌아가신 뒤 3년 동안 부모님 묘지 주변에 움막을 짓고 묘소를 돌보는 것을 말한다.

▲ 정미 의병 | 고종 황제의 강제 퇴위, 정미 7조약 등에 항거해 1907년에 전국에서 일어났다.

식 학교를 세웠다. 교과목도 지리, 역사, 산술뿐 아니라 수신(윤리), 이과, 성경 등을 추가했다. 여운형은 1907년부터 기독교 신자가 되었으며 매주 일요일, 서울에 있던 상동 교회를 찾아가 예배를 드렸다. 그런 이유로 광동 학교에서도 성경을 가르치게 된 것이다.

여운형이 기독교에 관심을 가지게 된 것은 배재 학당에 다닐 때부터였다. 배재 학당에서 영어 등 신학문을 배우던 여운형은 조선이 발전하기 위해서는 하루빨리 서양 문화를 받아들여야 한다고 생각했다. 마침 당시에는 서양 선교사나 목사 등이 조선에 들어와 활동하고 있을 때여서 기독교는 서양 문화를 받아들이는 통로 구실을 했다. 나중에 고향으로 돌아간 여운형이 집안의 노비를 해방시키는가 하면 신주와 사당 등 유교의 풍습을 없앤 것도 기독교를 믿기 시작하면서부터였다.

이과 | 물리학, 화학, 동물학, 지질학 등 자연계의 원리나 현상을 연구하는 학문을 말한다.

여운형은 1907년에 정식으로 기독교 신자가 되었다. 여운형이 다니던 상동 교회는 예배 활동뿐 아니라 이동녕, 이상재, 이승훈, 주시경, 안창호를 비롯한 수많은 애국지사들이 모여드는 곳이었다. 따라서 여운형은 교회를 통해 서양 문화를 받아들였으며 독립운동에도 큰 관심을 가지게 되었다.

1907년 어느 날 여운형 형제는 도산 안창호의 강연을 듣게 된다.

"오늘날 우리 한국인은 몽매파, 절망파, 회의파의 세 파뿐이고 참된 애국자와 일꾼은 찾아보기 힘듭니다."

여운형과 운홍은 안창호의 강연을 듣고 크게 감명 받아 안창호와 같은 지도자가 되기로 결심했다. 결국 그들 형제는 한 걸음씩 자신들의 결심을 실천해 나갔다.

1910년, 한일 강제 병합이 이뤄지자 여운형은 대부분의 애국지사들처럼 국내에서 독립운동을 펼치는 게 어렵다고 판단해 해외로 망명할 것을 결심했다. 1913년에는 만주의 신흥 무관 학교 등을 돌아보았고 그 이듬해에는 중국 난징의 금릉 대학 영문과에 입학했다.

그곳에서 약 3년 동안 학문에 전념했던 여운형은 1917년에 상하이로 옮겨 상하이 교민 단장으로 추대되었다. 이때부터 여운형은 한국인 청년 300여 명을 미국이나 유럽, 중국의 여러 학교로 유학시키는 데 큰 역할을 했다.

1918년 11월에는 제1차 세계 대전이 연합국의 승리로 끝남에 따라 파리에서 강화 회의가 열렸다. 이 회의에서 미국의 윌슨 대통령이 '민족 자결주의' 원칙을 발표해 우리나라 독립지사들에게 큰 용기를 주었다. 그 결과 무오 독립 선언, 일본 도쿄에서 있었던 2·8 독립 선언, 우리나라 근대사의 전환점이 되었던 3·1 운동 등이 차례로 일어났다. 그리고 이런 운동의 밑거름이 된 것은 여운형이 조직한 '신한청년당'이었다.

파리 강화 회의가 열리기 석 달 전인 1918년 8월부터 여운형은 김철, 선우혁 등 젊은 애국지사들과 함께 매주 한 번씩 열리는 모임을 이끌었다. 이 모임에서는 상하이에 머물던 지식인 청년들이 독립운동의 방향과 방법을 두고 열띤 토론을 이어 나갔다.

이때만 해도 모임의 이름이 정해지기 전이었다. 그러다가 파리 강화 회의에서 민족 자결주의 선언이 나오자 여운형 등은 큰 힘을 얻었다. 여운형은 윌슨 대통령이 상하이로 보낸 크레인 특사를 만나 여러 가지 대화를 나눴다.

"나는 한국의 여운형이라고 합니다. 오늘 당신의 연설을 감명 깊게 들었습니다. 윌슨 대통령은 민족 자결주의를 선언했으며 한국인처럼 다른 나라의 압박을 받고 있는 민족의 해방을 돕기로 했다니 정말 기쁩니다. 따라서 우리는 파리 강화 회의에 한국 대표를 파견해 일제의 부당한 침략을 고발하고 한국인들의 독립 의지를 전 세계에 알리고자 합니다."

여운형의 말에 크레인 특사는 고개를 끄덕이며 대답했다.

"그렇다면 내가 힘이 닿는 대로 당신들을 도와주겠습니다."

여운형은 이 말에 용기를 얻어 장덕수, 조동호 등 여러 동지들과 함께 파리 강화 회의에 한국 대표를 파견하는 일에 관해 상의했다. 어떤 사람을 한국 대표로 뽑아 파견할 것인지, 파리까지 어떻게 보낼 것이며 그 경비는 어떻게 마련할 것인지 등 자세한 계획을 세웠다. 그런데 그보다 먼저 풀어야 할 문제가 있었다.

"국제회의에 개인 자격으로 대표를 파견할 수는 없습니다. 그러니 한국을 대표하는 정치 단체를 먼저 만드는 게 순서가 아닐까요?"

한 동지가 이렇게 말하자 여운형이 무릎을 쳤다.

"그걸 미처 생각하지 못했군요. 그렇지 않아도 내가 요즘 터키청년당에 관심이 많은데 우리도 정당을 만듭시다. 새로운 한국을 세우자는 뜻에서 '신한청년당'이라고 이름을 짓는 게 어떻습니까?"

"그게 좋겠습니다."

회원들이 모두 동의함에 따라 여운형이 이끌던 모임은 '신한청년당'이라는 이름을 얻게 되었다. 여운형은 이때 신한청년당의 당수(대표) 겸 총무간사로 선출되어 조직을 이끌어 나갔다. 신한청년당은 비록 갑작스럽게 조직되었지만 우리나라 최초의 근대적인 정당이며 국제회의에 처음으로 이름을 내놓은 독립운동 단체였다.

"자, 이제는 우리 신한청년당의 이름으로 한국의 대표를 선출합시다."

"불란서(프랑스)에서 열리는 국제회의에 참가하려면 무엇보다 영어와 불어를 잘하는 사람을 뽑아야 합니다."

"그렇다면 김규식 선생이 가장 적합하지 않겠습니까?"

이렇게 되어 신한청년당은 파리 강화 회의에 보낼 한국 대표로 김규식을 선출했다. 김규식은 어려서 부모님을 잃은 뒤 한국에 와 있던 언더우드 선교사의 도움을 받아 미국으로 유학했다. 그 뒤 로노크 대학교와 프린스턴 대학원에서 공부해 석사 학위를 받고 귀국해 연희 전문학교(지금의 연세 대학교) 등에서 학생들을 가르쳤다.

김규식은 미국에서 유학할 때 성적이 매우 우수했으며 특히 외국어 실력이 매우 뛰어났다고 한다. 영어뿐 아니라 불어와 독일어, 중국어, 일본어, 러시아 어, 라틴 어, 인도어 등 8개 국어를 할 줄 알았다. 김규식은 귀국해서 교육과 민중 계몽 운동에 힘쓰다가 일제 강

▲ **김규식** | 독립운동가, 정치가. 파리 강화 회의의 한국 대표와 대한민국 임시 정부의 부주석을 지내며 활발한 외교 활동을 벌였다.

점기에는 중국 상하이로 망명해 본격적인 독립운동을 펼쳤다.

여운형은 1918년 11월, 김규식에게 다음과 같은 메시지를 보냈다.

"우리 신한청년당에서는 선생을 파리 강화 회의의 한국 대표로 모시고자 합니다. 부디 일제의 야만적인 침략을 전 세계에 고발하고 한국의 독립을 이끌어 주시기 바랍니다."

이때 김규식은 신혼 때였고 매우 바쁘게 지내고 있었지만 여운형의 제안을 기꺼이 받아들였다.

한편 신한청년당은 여러 방법으로 김규식의 여행 경비를 마련하는가 하면 한국의 독립을 요구하는 진정서를 만들었다. '일제가 강제로 한일 병합을 추진해 한국인을 탄압하고 있으므로 약소민족인 한국인은 반드시 독립해야 한다'는 내용이었다.

이처럼 여운형은 김규식을 파리 강화 회의의 한국 대표로 파견한 데 이어 자신은 직접 만주와 연해주에서 활약하는 독립지사들을 만나 독립운동에 필요한 자금을 모았다. 또한 신한청년당 당원들은 저마다 일본과 한국으로 파견되어 나라 안팎에서 독립운동을 일으킬 것을 제안했다. 그 결과 2·8 독립 선언과 3·1 운동의 불꽃이 타오르게 되었다. 이런 활약 때문에 역사학자들은 '신한청년당은 3·1 운동의 진원이요, 뿌리'라고 평가한다.

3·1 운동은 우리 민족이 일제에 항거하며 독립을 요구한 운동일 뿐 아니라 민주주의와 인권, 자유, 평등 사상을 실천하기 위해 일어난 운동이었다. 따라서 3·1 운동은 우리나라 근대사를 가르는 분수령이 되었다. 분수령이란 물줄기를 갈라놓는 커다란 고개나 산맥을 가리키는데, 어떤 일이 한 단계에서 전혀 다른 단계로 넘어가는 전환점을 비유하는 말이기도 하다. 이 말처럼 우리 역사는 3·1 운동 이전과 이후로 크게 달라진다. 무엇보다 3·1 운동 이

진원 | 지진파가 처음으로 일어난 지역을 가리키며, 어떤 사건이 일어난 근본적인 배경을 비유하는 말이다.

후 민주주의와 인권, 평등에 대한 사상이 자리 잡게 된 것이 가장 큰 변화였다.

따라서 오늘날의 헌법 전문(前文)에도 '우리 대한국민은 3·1 운동으로 건립된 대한민국 임시 정부의 법통과 불의에 항거한 4·19 민주 이념을 계승하고……'라고 명시되어 있다. 이 말은 지금의 대한민국 정부가 대한민국 임시 정부에 그 뿌리를 두고 있으며 대한민국 임시 정부는 3·1 운동에 뿌리를 두고 있다는 뜻이다.

신한청년당 당원들의 활약에 힘입어 나라 안에서 3·1 운동이 일어나자 만주, 연해주, 일본, 미국 등에서 독립운동을 펼치던 애국자들은 매우 기뻐했고 큰 용기를 얻었다. 그들은 서로 뜻을 모아 각지에서 독립운동의 중심 기구를 만들었다. 그중에서도 서울에 만들어진 한성정부, 상하이에 만들어진 대한민국 임시 정부, 블라디보스토크의 대한국민의회, 만주군정부 등이 대표적이었다.

이렇게 여러 군데에서 정부 또는 국민의회 등이 조직된 것은 그 무렵 교통과 통신이 원활하지 못해 서로 쉽게 연락할 수 없었기 때문이다. 하지만 그들은 곧 하나의 힘 있는 정부 조직을 만들기로 하고 여러 차례 회의를 거쳐 1919년 9월에는 통합된 대한민국 임시 정부를 만들었다.

앞에서 말한 것처럼 신한청년당은 3·1 운동과 대한민국 임시 정부 수립에 중요한 역할을 했다. 따라서 여운형도 임시 정부에서 중요한 직책을 맡을 자격을 갖추고 있었다. 하지만 여운형은 임시 의정원(지금의 국회)의 의원이며 외교 위원으로 활동했을 뿐 그 이상의 직책은 맡지 않았다.

1919년 4월 10일, 늦은 밤이었다. 이날 여러 곳에서 상하이의 프랑스 관할 지역인 김신부로(金神父路)의 한 셋집으로 모여든 29명의 독립지사들은 다음 날 오전 10시까지 밤새도록 회의를 열었다. 상하이에 임시 정부를 세우기 위해 처음으로 의정원 회의가 열린 것이다.

"지금부터 임시 의정원 회의를 열겠습니다. 먼저 임시 의정원의 의장과 부의장을 선출하도록 합시다."

사회자의 말에 따라 의장에는 이동녕, 부의장에는 손정도가 선출되었다.

곧이어 임시 정부 조직과 국호(나라 이름), 임시 헌장(헌법) 등을 정하느라 독립지사들은 날이 밝는 줄도 모른 채 열띤 토론을 이어 나갔다.

"먼저 우리가 정부를 조직해야 할지, 당을 조직해야 할지 의견을 말씀해 주십시오."

의장의 제안이 있자 대부분은 정부를 조직하는 게 좋겠다고 밝혔다. 하지만 여운형의 의견은 달랐다.

"우리가 정부를 세우면 조직에 걸맞은 체면을 유지해야 하고 그러려면 운영 자금도 많이 필요한데 지금 형편으로는 곤란합니다. 그러니 먼저 당 조직을 갖추는 게 옳습니다."

그러자 정부를 수립하자는 사람들이 반대했다.

"3·1 운동에서 드러난 것처럼 지금 우리 국민은 하나의 강력한 독립운동 기구를 원하고 있습니다. 그것은 바로 정부를 세워 달라는 말입니다. 또한 우리가 정부를 세워야 일제도 위협을 느끼지 않겠습니까? 그러나 지금은 국권을 빼앗기고 먼 이역에서 활동해야 하니 '임시 정부'로 부르는 게 좋겠습니다."

결국 이 안건에 대해서는 다수결에 따라 임시 정부를 세우는 것으로 결정이 났다.

"이번에는 국호를 정합시다."

"한일 병합이 되기 전까지의 국호가 대한 제국이었으니 대한이라는 이름을 쓰는 게 좋겠습니다. 그리고 황제가 다스리는 나라가 아니라 민주 공화국

이라는 뜻으로 대한민국으로 정하는 게 어떻겠습니까?"

그런데 여운형은 이 의견에 대해서도 반대했다.

"대한이란 이름은 조선 말기에 잠깐 쓰다가 결국 나라가 망하지 않았습니까? 그다지 좋은 국호가 아닙니다."

"하지만 대한이란 이름으로 망했으니 이번에는 대한이란 이름으로 흥하면 됩니다. 그런 뜻에서 대한민국으로 정합시다."

이런 주장에 대해 독립지사들은 대한민국으로 하자느니 다른 이름으로 바꾸자느니 의견이 분분했다.

"그렇다면 이 안건도 다수결로 결정합시다."

결국 이날 회의를 통해 대한민국이라는 국호가 정해졌으며 임시 정부의 이름도 '대한민국 임시 정부'로 결정되었다.

곧이어 그들은 임시 정부의 조직을 구성했으며 우리나라 최초의 헌법이라 할 수 있는 임시 헌장도 만들었다.

임시 헌장은 모두 12개 조항으로 이루어졌는데 '제1조 대한민국은 민주 공화제로 함', '제2조 대한민국은 임시 정부가 임시 의정원의 결의에 따라 통치함', '제3조 대한민국의 인민은 남녀, 귀천 및 빈부의 계급이 없고 일체 평등함' 등의 내용을 담고 있다. 대부분의 조항들은 민주주의와 인권, 평등사상, 국민 투표 등 오늘날 민주주의의 기본이 되는 내용으로 이루어졌다. 그런데 '제8조 대한민국은 구황실을 우대함'이란 내용 때문에 다시 마찰이 일어났다.

조선의 27대 임금이며 대한 제국의 마지막 황제였던 순종은 1910년 8월 29일, 한일 강제 병합 조약이 맺어지면서 더 이상 황제가 아니었다. 조선은 이 날로 519년의 역사를 마감하고 멸망했다. 그때부터 일제는 순종을 황제로 부르지 않았다. 그저 이 씨 성을 가진 왕이라는 뜻에서 '이왕'이라고 불렀다.

황제의 가족이나 친인척도 '이왕가'로 낮춰졌다.

그럼에도 친일파를 제외한 거의 모든 한국인들은 고종과 순종을 계속 황제로 받들었으며 그들의 친인척을 '구황실'로 부르고 있었다. 독립지사들이 임시 헌장에 구황실을 우대한다는 조항을 넣게 된 것도 그런 민심 때문이었다.

"고종 황제가 돌아가셨을 때 백성이 모두 대한문 앞에 엎드려 통곡했습니다. 이것은 그들 모두가 아직도 구황실을 받드는 마음이 있기 때문이니 그런 민심을 하나로 모으기 위해서는 임시 헌장에 구황실을 우대한다는 조항을 넣는 게 좋을 것입니다."

이런 의견에 대해서도 여운형은 고개를 저었다.

"동지들은 백성의 통곡 소리를 잘못 이해한 것입니다. 그들은 나라가 망한 슬픔을 꾹꾹 참고 있다가 고종 황제가 돌아가신 것을 핑계 삼아 울었을 뿐입니다. 결코 구황실을 존경해서 통곡을 한 게 아닙니다. 지금 정하고 있는 임시 헌장은 모두 민주주의 사상을 담고 있는데 구황실을 우대한다는 조항을 넣는 것은 취지에 어울리지 않습니다."

여운형이 이렇게 반대했지만 독립지사들은 이 안건에 대해서도 다수결에 따라 통과시켰다. 그 결과 '대한민국은 구황실을 우대함'이라는 조항이 만들어졌다.

한편 이날 회의에서는 임시 정부의 최고 지도자를 추대하는 문제를 두고도 격론이 일어났다. 몇몇 사람들은 3·1 운동을 이끌었던 민족 대표 33인 중 한 사람을 추대해야 한다는 의견이었고 또 다른 사람들은 미국에서 조직된 '대한인국민회'의 이승만을 추대하자고 제안했다.

그런데 그 무렵, 이승만은 미국의 윌슨 대통령에게 편지를 보내 미국이 한국을 통치해 달라는 부탁을 했다. 그 일은 만주와 연해주 등에서 독립 투쟁을 이끌던 사람들에게 큰 분노를 샀는데 그걸 모르는 사람들이 이승만을 추대하자고 했던 것이다. 그러자 역사학자이며 독립지사로 존경받고 있던 단재 신채호가 버럭 소리를 질렀다.

"그것은 천부당만부당한 일이오. 이승만은 이완용보다 더 큰 역적이라는 걸 모르시오? 이완용은 있는 나라를 팔아먹었지만 이승만은 아직 나라를 찾기도 전에 팔아먹은 놈이오."

그래도 사람들이 이승만을 추대하려고 하자 신채호는 자리를 박차고 일어나며 소리쳤다.

"에잇! 너희 같은 더러운 자들과는 자리를 함께하지 않겠다."

신채호는 다른 사람들의 만류를 뿌리치고 회의장을 떠났다.

이처럼 대한민국 임시 정부는 국내는 물론 만주, 연해주 등에서 활약하며 조금씩 다른 사상과 생각을 가진 사람들이 모여 조직했던 까닭에 처음부터 마찰이 많았다.

여운형은 이날 회의를 통해 대부분의 독립지사들이 아직도 봉건 시대의 낡은 사상에 얽매여 있음을 뼈저리게 느꼈다. 그러니 대한민국 임시 정부에 적극적으로 참여할 마음이 생기지 않았을 것이다. 그 대신 여운형은 상하이 거류민단장의 이름으로 독립운동을 계속해 나갔다.

여운형은 1919년 5월, 미국에서 유학을 마친 동생 여운홍을 상하이로 불렀다.

"너는 파리로 가서 김규식 선생께 이곳의 일을 알려드리고 그곳에서 김규식 선생을 모시도록 해라."

"그리하겠습니다."

여운홍은 곧 파리로 출발할 채비를 갖췄다.

1918년 11월, 신한청년당이 파견했던 김규식은 파리에 도착해 외교 활동을 펼치기 위해 파리에 '한국 대표관'이라는 기관을 만들었다. 그 뒤 대한민국 임시 정부가 수립되자 임시 정부의 외무 총장 겸 파리 강화 회의의 대표 위원으로 임명되었다.

이때 김규식은 한국 대표관을 '대한민국 임시 정부 파리위원부'라 고치고 본격적으로 한국의 독립을 호소해 나갔다.

하지만 김규식은 본래의 목적인 파리 강화 회의에 참석할 수 없었고 신한청년당이 만든 진정서를 제출하지도 못했다. 일본 대표가 그 일을 방해했기 때문이다. 그럼에도 김규식은 미국과 영국, 프랑스, 이탈리아 대표들이 머무는 숙소를 일일이 찾아다니면서 한국의 독립을 호소했다.

파리에 도착한 여운홍은 김규식의 눈물겨운 활동을 바라보며 다음과 같은 글을 남겼다.

우리의 실망과 울분은 헤아릴 수 없었고 마음은 천근같이 무거웠다. 한 민족이 다른 민족의 지배에서 해방되어 독립한다는 것은 참으로 어려운가 보다. 많은 사람들의 피를 제물로 바쳐야 하고 많은 재물을 뿌려야 하며, 오랜 시일을 필요로 하는가 보다. 이 모든 것은 무엇인가. 한마디로 희생 그것이다. 우리는 우리의 독립을 쟁취하기 위해 물론 많은 희생을 지불했다. 그러나 앞으로 또 얼마나 많은 희생을 치르지 않으면 안 된단 말인가!

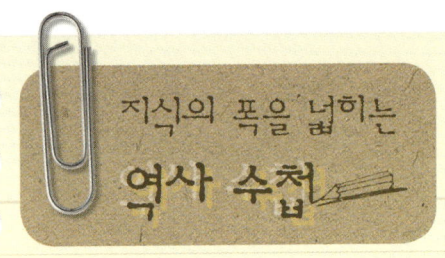

좌익과 우익

우리나라에서는 1919년 3·1 운동이 일어날 무렵부터 사회주의 사상이 빠르게 퍼져 나갔다. 유럽에서 싹튼 사회주의는 공동체가 함께 상품을 생산하여 함께 소유하고 관리함으로써 인간의 자유와 평등, 정의를 실현한다는 목적에서 시작되었다.

1920년대에 지식인과 청년층에서 사회주의가 크게 유행하면서 사회주의자들은 큰 세력이 되었다. 그들은 사회주의를 독립운동의 한 방법으로 여겨 세력을 키워 나갔다. 그러다 보니 민족의 자유와 평화, 독립을 중요하게 여기는 민족주의자들과 갈등이 생기기 시작했다. 그 후 이런 흐름은 크게 좌익과 우익으로 나뉘어 지금까지 이어지고 있다.

좌익과 우익은 각각 왼쪽 날개, 오른쪽 날개라는 뜻인데 프랑스 혁명 후 열린 국민 의회에서 의장석의 오른쪽에는 왕당파, 왼쪽에는 공화파가 앉은 것에서 유래한다. 그 뒤로 우익은 보수적이거나 자본주의적인 사상을 가진 세력, 좌익은 진보적이거나 사회주의적인 사상을 가진 세력을 뜻하는 말로 쓰이게 되었다.

우리나라의 현대사를 보면 해방 후 줄곧 우익 세력이 집권했다가 김대중의 국민의 정부, 노무현의 참여 정부 때 좀 더 진보적인 세력이 10년 정도 집권했다. 하지만 그들은 우익 세력에 비하면 진보적이었지만 진정한 좌익이라고 할 수는 없었다.

아무튼 '새는 한쪽 날개만으로 날 수 없다'는 말처럼 좌익과 우익도 서로 협상하고 때로는 힘을 모아야 그 나라와 국민이 행복해진다는 것을 역사가 증명하고 있다.

일본을 뒤흔든 '여운형 사건'

김규식 등이 유럽에서 한국의 독립을 위해 애쓰고 있을 때 여운형은 상하이에서 수많은 외국인들을 만나 독립운동을 펼쳤다. 그 무렵 중국 상하이는 세계 각국에서 모여든 외교관과 무역상들로 붐볐다. 1919년 4월에 수립된 상하이 임시 정부가 같은 해 9월 통합 임시 정부로 자리 잡게 된 것도 그곳이 국제 외교의 중심지였기 때문이다. 특히 상하이에는 프랑스 등 유럽 각국의 조계가 있어서 일본 경찰의 간섭이나 추격을 피하기 쉬웠다.

여운형은 수많은 나라의 외교관이나 기자들과 자주 만나 한국이 왜 독립해야 하는지 설득하고 그들의 도움을 청했다. 또 필요한 경우에는 외국인들이 모인 장소로 가서 한국의 독립을 호소하는 연설을 하기도 했다. 1919년 8월에도 중국에 있는 외국인 휴양지로 가서 각국 외교관과 기자, 중국의 명사 1천여 명 앞에서 연설하고 한국의 독립

조계 |외국인이 자유롭게 통상하거나 거주하면서 치외법권을 누릴 수 있는 구역으로 주로 개항 도시에 만들어졌다.

을 주장하는 전단을 돌려 세계 언론에 보도해 줄 것을 부탁했다. 이런 외교 활동에 힘입어 여운형은 차츰 국제적으로 이름을 알리게 되었다. 나중에 여운형이 한국의 독립지사 중 국제 정세를 가장 빠르고 정확하게 알게 된 것도, 일제가 반드시 패망할 것으로 보고 조선건국동맹을 조직한 것도, 미국을 비롯한 각국의 정치가들로부터 '한국에서 가장 영향력 있는 인물'로 손꼽히게 된 것도 이 무렵부터 시작한 외교 활동 덕분이었다.

여운형은 수많은 외국인과 교류하면서 그들로부터 빠르고 정확한 정보를 얻을 수 있었다.

한국에서 3·1 운동이 일어나자 일제는 크게 당황한 나머지 통치 방침을 무단 통치에서 문화 통치로 바꿨다. 한국인의 언론과 출판, 종교 활동을 마구 탄압하거나 막는 대신 어느 정도 자유를 준 것이다. 그러면서 조선 총독부는 수많은 친일파를 만들어 냈으며 경찰과 군인의 숫자를 3·1 운동 전보다 늘려 한국인의 활동을 철저히 감시했다.

따라서 문화 통치는 무단 통치보다 훨씬 교묘하고 악랄한 통치 방법이었다. 일제는 이처럼 정책을 바꾸면서 명망이 높은 독립지사로부터 한국을 통치하는 데 필요한 도움을 받으려고 했다. 그 결과 문화 통치가 시작된 뒤부터 이광수, 최남선, 최린 등 애국적인 지식인들, 심지어 3·1 운동 때 민족 대표로 활약했던 인물들마저 친일파로 변절하는 경우가 많았다. 여운형도 일제의 회유를 받곤 했다.

일제는 한국을 강제로 점령하기 전부터 한국의 토지를 강제로 사들여 일본인을 이주시키거나 한국에서 생산된 곡식을 싼값에 구입해 일본으로 보냈다. 이런 일을 '척식 사업'이라고 하며 이를 관리하는 기관을 척식국, 이 사업을 위해 만든 회사를 '동양 척식 주식회사'라고 불렀다. 동양 척식 주식회사

회유 | 잘 달래어 시키는 말을 듣도록 하는 것을 말한다.

는 조선 총독부에 버금가는 권력 기관으로 악명을 떨쳤다.

1919년 8월, 일본의 척식국 장관인 코가 겐조와 조선 총독부 정무총감으로 임명된 미즈노가 만났다. 그때 미즈노는 정무총감으로 임명되어 한국으로 부임할 준비를 하고 있었다. 정무총감은 총독 다음으로 높은 지위이며 실제로 조선 총독부를 이끌어 가는 자리였다.

"조선 통치에 자문을 얻을 만한 영향력을 가진 조선인이 누가 있겠소?"

코가가 묻자 미즈노는 머뭇거리지 않고 대답했다.

"조선 안팎을 살펴볼 때 상하이에 있는 여운형이 가장 적합할 것 같습니다."

"그래요? 나도 여운형을 염두에 두고 있었으니 마침 잘되었소."

코가는 반색을 하며 곧 사람을 시켜 여운형에게 자신의 뜻을 전했다.

▲ **동양 척식 주식회사** | 1908년 일제가 조선의 토지와 자원을 수탈할 목적으로 설치한 착취 기관이다.

이때 여운형은 코가의 제안을 딱 잘라 거절했다.

"독립운동가로서 일본의 정치가에게 자문을 해 준다는 게 말이 된다고 생각하시오?"

그럼에도 코가는 여러 차례 상하이로 사람을 보내 여운형을 도쿄로 초청하겠다는 뜻을 전했다.

"조선을 통치하는 데 필요한 의견을 듣고자 하니 한 번 만납시다. 당신이 도쿄를 방문하면 신변의 자유는 확실히 보장하겠소."

이렇게 되자 여운형도 더 이상 그 초청을 거절하기가 어려웠다. 여운형은 안창호 등의 선배, 후배와 동지들을 비롯해 중국과 서양의 언론인 등과 이 일을 상의했다.

"여 선생께서 그들을 한 번 만나는 게 그리 나쁜 일은 아닐 것 같습니다."

"맞습니다. 이번 기회에 우리의 독립 의지가 확고하다는 걸 보여 주십시오."

많은 애국지사들이 이런 의견을 밝혔다.

"저는 선생님의 활약을 전 세계로 보도해 드리겠습니다. 우리 기자들이 취재한다면 저들도 선생님을 함부로 대하지 못할 것입니다."

이 같은 의견을 다 듣고 난 여운형은 마침내 일본을 방문하겠다는 뜻을 밝혔다.

"나는 당신의 요청을 받아들여 도쿄를 방문하겠소. 그 대신 내 신변은 물론 언론과 행동의 자유를 보장할 것이며 도쿄 방문을 마친 뒤에는 조선으로 가게 해 주시오."

코가는 여운형이 내건 조건들을 모두 받아들였다.

하지만 여운형의 도쿄 방문을 앞두고 민족주의적인 독립지사들은 이 일을 크게 반대했다.

"독립운동가라는 사람이 도쿄에 간다는 것은 일제의 간악한 술수에 넘어갔다는 뜻이 아니겠소? 난 폭력을 써서라도 여운형을 말릴 것이오."

"그렇습니다. 여운형이 친일파로 변절한 게 아닌지 걱정입니다. 어찌 적국의 수도로 당당히 가겠다는 건지 이해할 수가 없어요."

이런 의견에 대해 안창호 등은 고개를 저었다.

"이미 국제적인 명성을 얻고 있는 여운형이 도쿄를 방문하면 세계 언론이 보도할 것이며 결국 조선의 독립에 큰 도움이 될 것입니다."

"그래도 일본행은 막아야 하오. 필요하다면 암살이라도 하겠소."

이때 여운형은 일본으로 떠날 채비를 모두 마친 뒤였다. 1919년 11월 중순, 여운형은 일본 시모노세키로 떠나는 배에 몸을 실었다. 여운형이 일본에 도착하자 그곳의 한국인 유학생들도 찬반 의견으로 시끄러웠다.

"여운형 선생이 일본의 정치가들을 만난다고 조선이 독립할 수 있겠나? 오히려 그들의 술수에 넘어가지 않을까 걱정이야."

"그건 자네가 몽양 선생을 몰라서 하는 말이네. 난 그 분이 일본을 방문하는 게 훌륭한 선택이라고 생각하네."

일본 유학생들의 의견이 이렇게 분분하다는 말을 들은 여운형은 도쿄에 도착하자마자 유학생 수백 명을 모아 놓고 연설을 했다.

"여러분! 나 여운형은 일본의 지도층과 타협하려고 온 게 아닙니다. 조선의 자치를 구걸하러 온 것은 더욱 아닙니다. 그들 앞에서 당당하게 우리나라의 독립을 요구하기 위해 찾아온 것이니 여러분들의 협조를 바랍니다."

여운형이 이런 내용으로 연설하자 여운형의 일본 방문을 반대하던 학생들마저 큰 박수를 보냈다. 그들은 여운형 일행이 일본에서 머무는 데 필요한 비

용을 모금하는가 하면 어떤 학생은 여운형의 외교 활동에 적극적으로 협력하겠다는 서약까지 했다.

며칠 후부터 여운형은 자신을 초청한 코가 장관을 만나 여러 차례 회담을 가졌다. 처음 여운형을 만난 코가가 말했다.

"나는 한국의 독립운동가들을 진심으로 존경하오. 하지만 그들은 이루기 어려운 목표를 위해 애쓰는 게 아닐까요? 우리 일본을 보시오. 얼마나 부강한 나라가 되었습니까? 나는 개인적으로는 한국과 일본의 병합을 반대했소. 그러나 지금 생각해 보니 실력이 부족한 회사가 실력 있는 회사와 합칠 때 서로 이익을 보는 것처럼 한일 병합도 한국과 일본 양쪽의 이익이 될 것이라 생각하오."

여운형은 코가의 이런 주장을 강하게 반박했다.

"한일 병합을 회사의 합병에 비유하다니 그런 억지가 어디 있소? 한국과 일본이 병합한 것은 결코 우리 민족의 뜻이 아니라 한 줌도 안 되는 매국노들의 농간 때문이었소. 우리 민족은 강제 통치를 받게 된 것을 뼈에 사무치는 원한으로 삼고 있소. 한일 병합 전후로 수십만 명이 해외로 나가 독립운동을 펼치고 있는 것이나 3·1 운동이 그 사실을 증명하고 있소. 다시 말하지만 일본의 강요로 맺어진 한일 병합은 우리 민족의 수치이며 원한의 뿌리란 말이오."

여운형과 코가의 논쟁은 계속 이어졌다. 여운형은 한국이 무조건 독립해야 한다고 주장한 데 비해 코가는 한국의 정치력이나 경제력이 미약하기 때문에 독립하는 게 오히려 위험하다고 우겼다. 그러더니 나중에는 한국이 자치를 하는 것은 어떠냐고 제안했다.

"한국과 같은 나라는 자치를 하는 게 좋지 않소? 만약 당신이 자치 운동을 하겠다면 필요한 자금을 얼마든지 드리겠소. 그뿐 아니라 독립운동을 벌이다가 옥에 갇힌 정치범들을 모두 석방하겠소."

여운형은 다시 고개를 저었다.

"나는 한국의 자주 독립 이외에는 아무 것도 용납할 수 없소. 그리고 옥에 갇힌 독립지사들은 아무런 조건 없이 지금 당장 석방해야 하오."

'자치'란 자기의 일을 스스로 다스린다는 뜻이며, 독립은 다른 것에 예속되거나 의존하지 않고 홀로 선다는 뜻이다. 자치와 독립이 얼핏 비슷해 보이지만 그 뜻에는 큰 차이가 있다. 코가가 말한 자치란 한국을 일본의 식민지로 놓아둔 채 한반도 안에서는 한국인이 나라를 다스리는 것을 뜻한다. 따라서 하나의 나라로, 일본과 동등한 자격으로 독립하는 것과는 근본적으로 다르다. 그래서 여운형은 코가의 자치 제안을 단호하게 거절했던 것이다.

이렇게 되자 코가는 또 다른 제안을 했다.

"만주 지역은 한반도보다 몇 배나 넓지요. 아마 당신이 가진 능력이라면 그곳을 얼마든지 통치할 수 있을 것이오. 그래서 하는 말인데 당신이 만주의 척식 사업을 맡는 건 어떻소? 우리가 적극적으로 도와드리겠소."

일제는 훗날 만주를 무력으로 점령해 '만주국'이라는 식민지를 만들었다. 그러나 여운형이 일본을 방문할 무렵에도 실질적으로는 일본이 만주를 지배하고 있었다. 한반도를 발판 삼아 중국 대륙으로 진출하려던 일제에게 만주는 매우 중요한 지역이었다. 그런 곳을 다스려 보라는 것이니 여운형에게는 로또 복권 1등에 당첨된 것보다 좋은 기회였다.

하지만 여운형은 이런 달콤한 제안도 딱 잘라 거절했다.

"나는 한국의 자주 독립을 위해 투쟁할 뿐, 그 밖에는 아무것도 원하는 게 없소."

예속 |남의 지배나 지휘 아래 얽매여 있는 것을 말한다.

코가는 여운형에게 번번이 면박을 당하면서도 차츰 여운형의 인품과 식견에 감탄했다. 그런 나머지 여운형 일행을 융숭하게 접대했으며 작별할 때는 다음과 같은 말을 했다.

"당신의 굳은 신념과 의지에 감동했소. 내가 한국인으로 태어났다면 나 또한 당신처럼 말했을 것이오. 만약 내 뜻을 이루지 못하면 조선 총독부에 불이라도 질렀을 것이오. 나는 당신을 회유하려고 초청한 것이지만 그 뜻을 하나도 이루지 못했다는 점에서 오히려 당신을 깊이 존경하오."

그러나 코카와 달리 여운형이 코가의 제안을 번번이 거절했다는 소식을 들은 일본의 육군대신 다나카, 조선군 사령관 우쓰노미야를 비롯한 장군들과 조선 총독부 정무총감 미즈노, 체신대신 노다 등은 속이 부글부글 끓었다.

"여운형이 그렇게 대단한 인물인가?"

"그렇습니다. 그자를 말로 설득하는 건 어렵습니다."

"그렇다면 우리가 다 함께 모여 일본의 확고한 의지를 보여 주며 위협하는 게 어떤가?"

결국 여운형은 일본군과 정부를 움직이는 거물들이 모인 자리에 참석하게 되었다. 여운형 혼자서 일본의 우두머리들과 맞서게 된 것이다. 코가와 마주 앉아 회담할 때와는 달리 긴장감이 감돌았다.

이런 자리에서 육군대신 다나카가 여운형을 위협했다.

"일본에는 천하무적의 300만 병력이 있으며 일본 해군은 세계의 대양을 휩쓸고 있소. 만약 조선인들이 끝까지 반항한다면 2000만 명 정도의 조선인쯤은 한순간에 쓸어버릴 수 있는데 어찌 생각하시오?"

여운형은 이런 위협적인 말을 듣고는 슬며시 미소를 지었다. 그리고 다나카를 비롯한 일본의 우두머리를 천천히 돌아보며 대꾸했다.

"당신도 글을 읽었다면 '삼군의 장수는 빼앗을 수 있어도 하찮은 한 지아비의 뜻은 빼앗지 못한다'는 말의 뜻을 알 것이오. 당신 말대로 일본의 병력이 300만 명이라니 우리 2000만 명의 조선인을 휩쓸어 버릴 수도 있고 나 여운형의 목을 한순간에 베어낼 수도 있을 것이오. 하지만 2000만 명의 혼까지 없앨 수는 없으며 여운형의 마음까지 없애지는 못할 것이오. 하물며 여운형이 가진 조국에 대한 굳은 사랑과 올곧은 독립정신을 어찌 없애겠소?"

이 말에 일본의 우두머리들은 찬물을 뒤집어쓴 것처럼 조용해졌다. 여운형의 식견과 배짱에 크게 놀란 다나카는 한동안 입을 다물고 있다가 다시 여운형을 협박했다.

"조선은 쓸데없이 독립운동에 나서지 말고 일본과 손잡고 자치를 하는 게 현명하지 않겠소? 그러면 부귀를 누릴 것이지만 그렇지 않다면 무자비한 탄압을 받게 될 것이오. 우리 일본이 조선의 독립을 허락할 것 같소?"

여운형은 이번에도 여유 있게 대꾸했다.

"1912년, 타이타닉 호는 물 위에 떠 있는 작은 빙산 조각을 대수롭지 않게 여기다가 결국 물 밑에 잠긴 거대한 빙산에 부딪혀 침몰했다는 사실을 당신들도 알 것이오. 이처럼 지금 조선인들이 벌이는 독립운동은 빙산의 일각일 뿐, 일본이 300만 명의 군사력을 믿고 만용을 부린다면 결국 타이타닉 호처럼 침몰할 것임을 경고하겠소."

점점 궁지에 몰린 다나카는 버럭 소리를 질렀다.

"일본이 망하면 동양 전체가 망한다는 걸 모르오?"

"우리나라에는 '초가삼간 다 타도 빈대 죽는 것만 시원하다'는 속담이 있소. 이 말처럼 동양이 다 망하더라도 일본이 망하는 것을 통쾌히 생각하는 게 우리 한국인들의 솔직한 심정이오."

이처럼 **여운형이 풍부한 지식과 날카로운 언변, 독립에 대한 굳은 지조로 일본 우두머리들의 코를 납작하게 만들었다는 소식은 신문 보도를 통해 널리 전해졌다.** 여운형이 좀처럼 뜻을 굽히지 않자 일본의 체신대신인 노다가 며칠 뒤 점심식사에 여운형을 초청했다.

노다도 여운형을 회유하려고 했다.

"독립운동은 쓸데없는 짓이오. 솔직히 말해 일본은 살아남기 위해 조선과 병합한 것이기 때문에 조선을 빼앗기면 일본은 망합니다. 그러니 당신이 제아무리 명 연설로 청중들을 감동시켜도, 독립운동 이론이 아무리 훌륭해도 일본은 조선의 독립을 허락하지 않을 것이오. 그러니 조선을 독립시키려면 실력으로 싸우고 생명을 희생하는 수밖에 없소."

이 말을 들은 여운형이 호탕하게 웃으며 대답했다.

"내가 지금까지 도쿄에 머물며 아무것도 볼 게 없었는데 오늘 비로소 당신

만용 | 앞뒤 가리지 않고 함부로 날뛰는 것을 말한다.

과 같은 인물을 만나 기쁘오. 일본인 중에 오직 그대만이 양심적인 말을 해 주었소. 내 마음이 상쾌하오."

여운형은 며칠 뒤 세계 각국의 특파원과 기자, 저명인사 500여 명이 모인 자리에 나가 한국의 독립을 주장하는 연설을 했다. 이때의 연설 내용은 일본은 물론 전 세계에 보도되었고 일본의 정치가들은 벌집을 쑤신 듯 요란해졌다. 그리고 이 연설 덕분에 여운형은 세계적으로 유명한 인물이 되었다.

여운형은 이 연설을 통해 자신이 한국의 독립을 요구하기 위해 일본을 방문했다는 것과 독립운동을 평생의 사업으로 삼겠다는 의지를 다시 한 번 밝혔다. 그리고 3·1 운동의 목적과 의의를 조목조목 설명했으며 일본의 잘못을 낱낱이 지적하면서 세계 평화를 위해서는 일본이 즉시 물러나 한국의 독립이 이루어져야 한다고 주장했다.

본래 일본의 코가, 다나카 등이 여운형을 초청한 것은 여운형을 앞세워 한국을 보다 쉽게 지배하려는 계산에서였다. 따라서 그들은 여운형에게 한국의 자치나 만주 대륙의 운영을 제의했던 것이다. 하지만 그들은 목적은 하나도 이루지 못한 채 오히려 여운형에게 한국의 독립을 주장할 수 있는 기회를 준 셈이었다. 더구나 여운형의 국제적인 명성까지 높여 주었다.

그뿐 아니었다. 여운형을 직접 만나 대화를 나눴거나 연설을 들은 일본의 정치가와 지식인들 중에는 아예 여운형의 팬이 된 사람도 많았다. 도쿄 대학교의 요시노 교수도 그중 하나였다. 요시노는 여운형이 다녀간 이듬해인 1920년 1월 〈중앙공론〉이란 잡지에 다음과 같은 글을 발표하기도 했다.

나는 한날 젊은 신사인 그(여운형)의 견식과 품격에서 좀체 보기 드문 존경할 만한 인격을 발견했다. 나는 중국, 조선, 대만 등지의 많은 사람들과 회

담했지만 여운형이 가장 교양 있고 존경할 만한 인격자라는 것을 단언할 수 있다.

여운형을 초청한 목적을 하나도 이루지 못하자 일본의 정치가들은 울분을 터뜨렸다.

"여운형에게 남은 일정은 무엇인가?"

"천황 폐하와 총리대신 각하를 뵙는 일이 남았습니다만……."

"그 일정을 당장 취소시켜라. 그런 자가 천황 폐하를 알현하면 큰일이다."

이 결정에 따라 여운형은 더 이상 일본에 머물 필요가 없어졌다. 여운형은 처음 내세운 조건대로 서울에 들렀다가 상하이로 돌아갈 예정이었다.

그때 서울의 청년들과 학생들은 여운형을 환영하면서 다시 만세 운동을 펼칠 계획이었다. 하지만 그 정보를 입수한 조선 총독부가 가만히 있을 리 없었다. 여운형이 서울역에 도착하자 조선 총독부 고등경찰과장이 기다리고 있다가 편지를 내밀었다.

"이게 뭡니까?"

"사이토 총독 각하께서 전하는 메모입니다."

여운형은 그 편지를 즉시 읽어 보았다.

"귀하가 조선에 머물게 되면 다시 만세 운동이 일어날 것이니 곧바로 상하이로 가시기 바랍니다."

여운형은 하는 수 없이 상하이로 떠나기로 결심했다. 만약 예정대로 서울에 머물 경우 청년들과 학생들이 만세 운동을 일으킬 것이고 그렇게 되면 조선 총독부의 탄압으로 그들이 목숨을 잃거나 감옥에 갇힐 게 분명했기 때문이다.

여운형은 몇 년 만에 밟은 고국 땅에서 편히 쉬지도 못한 채 다시 상하이

로 떠나는 배에 몸을 실었다.

　상하이에 도착한 여운형은 마치 개선장군과 같은 환영을 받았다. 여운형의 일본 방문을 폭력을 써서라도 막자던 독립지사들조차 여운형이 일본에서 펼친 눈부신 활약을 칭송할 정도였다. 여운형은 날마다 신문 기자들과 인터뷰를 했으며 중국의 유명한 정치가들을 만나느라 눈코 뜰 새가 없었다. 신문을 통해 여운형의 활약을 잘 알고 있던 중국 정치가들은 일본의 계획과 정세를 묻기 위해 날마다 여운형을 찾아왔다.

　반면 일본에서는 여운형 때문에 나라 전체가 시끄러웠다. 일본의 귀족원 의원(국회 의원)들은 총리대신을 비롯한 각료들과 군인들을 불러 놓고 한 달 내내 여운형 문제를 따졌다. 왜 여운형과 같은 위험한 인물을 초청했는지, 왜 여운형을 체포하지 않고 그냥 보냈는지 등을 끈질기게 물고 늘어졌다. 여운형이 도쿄를 방문해 한국의 독립을 요구한 일을 '여운형 사건'이라 부를 정도였다. 국회에서는 한 달 내내 여운형 사건만 따졌다고 해서 '여운형 국회'라는 말도 생겨났다.

　일제 강점기에 일본 도쿄를 방문해 혼자서 그곳의 정치인, 군인, 언론인, 지식인들을 굴복시킨 독립운동가는 여운형이 유일하다. 특히 온갖 회유와 압박을 뿌리치면서 오히려 그들에게 감동을 주고 인간적인 매력까지 느끼게 한다는 것은 아무나 할 수 있는 일이 아니었다. 이런 점에서 여운형이 도쿄에서 펼친 독립운동은 역사에 길이 남을 '항쟁 예술'로 평가받고 있다.

16년 만의 귀국

    1929년 7월 8일이었다. 이날 여운형은 상하이의 요동 운동장에서 야구 경기를 관람할 예정이었다. 여운형이 관람석에 자리를 잡고 앉았을 때 한국인 청년 한 명이 여운형을 알아보고 급히 다가왔다.
    "선생님, 오늘 이곳에 일본 경찰이 쫙 깔려 있으니 어서 피하십시오."
    청년의 말에 여운형이 대꾸했다.
    "고맙네. 하지만 난 그런 자들을 겁내지 않으니 염려 말게."
    여운형은 워낙 스포츠를 좋아하는 데다 체력이 좋아서 웬만한 테러 위협에는 눈도 깜짝하지 않았다. 그래서 여운형은 평생 동안 수많은 테러를 당했으며 테러 상대와 격투를 벌여 승복을 받은 경우도 여러 번이었다.
    이날도 여운형이 야구 경기를 관람하고 있을 때 일제 경찰들이 여운형에게 다가왔다.

"당신이 여운형인가?"

"그렇다."

"조사할 게 있으니 같이 가야겠다."

"난 너희에게 조사받을 일이 없다. 저리 비켜라."

여운형이 소리치자 일제 경찰들은 여운형을 사로잡기 위해 넘벼들었다. 그냥 당하고만 있을 여운형이 아니었다. 여운형은 곧 그들과 격투를 벌였다. 이때 여운형은 한쪽 귀를 맞아 고막이 파열되었으며 청력을 잃어 세상을 떠날 때까지 한쪽 귀로만 소리를 들어야 했다.

여운형과 일제 경찰들이 격투를 벌이자 영국 경찰들도 달려왔다. 그 경기장 주변은 영국의 조계서 영국 경찰이 치안을 맡고 있었기 때문이다.

"무슨 일입니까?"

영국 경찰이 묻자 일본 경찰들은 여운형이 강도라서 체포하려 한다는 거짓말을 늘어놓았다. 이때 여운형이 영어로 항변했다.

"난 강도가 아니라 한국의 혁명가 여운형이다. 저들은 내가 독립운동을 벌였다는 이유로 체포하려는 것이다."

그러자 이번에는 영국 경찰이 여운형에게 말했다.

"좋소. 당신을 일본 경찰에 넘기지 않을 테니 함께 갑시다."

여운형은 그 말을 순순히 믿고 영국 경찰을 따라갔다. 하지만 그들은 비열하게도 이튿날 새벽 여운형을 일본 영사관으로 넘겼다.

10년 전인 1919년 일본을 방문해 한국의 독립을 주장하는 연설로 일본의 거물들을 떨게 했던 여운형은 상하이에서도 수많은 외교 활동을 펼쳤다. 1921년에는 한국의 독립과 중국의 혁명을 서로 돕기 위해 '한중호조사'라는 단체를 조직했다. 이 단체에는 한국의 독립지사들과 중국의 정치가들이 참여했다. 그때 여운형은 중국의 혁명가 쑨원(손문)을 만나 한국의 독립과 한국처럼 압박을 받고 있는 아시아 여러 민족의 해방 문제에 대해 의견을 나눴다.

1922년에는 러시아 모스크바에서 열린 '원동민족근로자대회'에 참석해 연설했으며 레닌, 트로츠키 등의 정치가들과 만났다. 그 뒤에도 중국국민당과 공산당의 중요한 정치 지도자들을 만나 한국의 독립에 대해 의견을 나누고 활발하게 교류했다.

임시 정부가 재정난에 빠졌을 때는 '임시 정부 경제후원회'를 조직해 자금을 모으기도 했다. 이런 가운데 여운형은 일제의 지시로 움직이던 테러단의 공격을 여러 차례 받았는데 그때마다 위기를 잘 넘기곤 했다.

1929년, 여운형은 상하이 복단 대학의 교수로 임명되어 그곳에서 영문학을 가르쳤다. 이때 여운형은 복단 대학 축구단을 조직해 그들을 이끌고 동남아시아 각국을 순회하면서 축구 경기를 가졌다. 그러면서 한편으로는 미국과 영국의 식민지 정책을 날카롭게 비판하는 연설을 펼쳐 큰 박수를 받았다. 하지만 그 일로 여운형은 영국 경찰의 감시를 받기 시작했다. 여운형이 상하이에서 야구 경기를 관람하다 체포되었을 때 영국 경찰이 약속을 어기고 일본 영사관에 넘긴 것도 그런 이유에서다.

일본 영사관에서 취조를 당할 때 여운형은 여러 차례 고문의 협박을 받았다. 그때 여운형이 말했다.

"나는 조선의 혁명가다. 무슨 일이든 사실대로 말할 뿐 거짓말은 못 한다. 내가 듣자 하니 일본 경찰은 고문을 잘해서 없는 사실도 있는 것으로 잘 꾸며 낸다던데, 고문을 하든 말든 너희들 맘대로 해라."

여운형이 이렇게 나오자 일본 경찰들은 감히 고문을 할 수가 없었다. 그리고 때마침 여운형이 체포되었다는 소식을 들은 중국 청년들이 일본 영사

취조 | 범죄 사실을 밝히기 위해 죄인 또는 죄를 지은 것으로 의심되는 사람을 조사하는 것을 말한다.

관을 부수고 여운형을 구출하려 한다는 정보가 들어왔다. 이에 따라 상하이 일본 영사관에서는 여운형을 급히 일본 나가사키로 보내기로 했다.

하지만 여운형은 나가사키에 내리지도 못한 채 곧바로 부산항으로 보내졌다. 여운형이 체포되어 나가사키에 도착한다는 소식이 알려지자 일본에 머물던 세계 각국 기자들이 나가사키로 모여들었기 때문이다. 기자들이 여운형과 인터뷰를 하겠다, 사진을 찍겠다며 구름처럼 모이자 일본 경찰들은 그들을 몰아내기 위해 난투극까지 벌이다가 끝내 여운형을 한국으로 보내기로 결정했던 것이다.

여운형을 태운 배가 나카사키를 출발해 부산에 도착하자 경기도 경찰부의 사토 형사와 사카모토 형사가 여운형을 서울로 압송했다.

그 무렵, 한국의 여러 신문에는 여운형이 일본 경찰에 체포되었다는 기사가 실렸다. 여운형의 동생 여운홍은 우연히 그 기사를 읽고 곧바로 부산으로 내려가 언제 도착할지 모를 형을 기다렸다. 그러다가 마침내 수갑을 차고 배에서 내린 형을 만날 수 있었다.

"형님!"

"그래, 운홍이가 왔구나."

형제는 서로 부둥켜안고 눈물을 흘렸다.

그날 여운형은 16년 만에 고국 땅을 밟게 된 것이었지만 감격적인 귀국은 결코 아니었다. 수갑을 찬 채 일본 형사들의 감시를 받고 있었기 때문이다. 여운형의 동생도 안타까운 심정뿐이었다.

여운형 형제의 우애는 단순한 혈육 관계를 뛰어넘을 정도로 깊었다.

어렸을 때 운홍이 유행성 열병에 걸려 몸져누운 적이 있었다. 여운형의 아버지가 세상을 떠난 것도 그 병 때문이었다. 그래서 여운형은 동생마저 잃게

압송 |죄인이나 피고인을 어느 한 곳에서 다른 곳으로 보내는 것을 말한다.

될까 봐 가슴을 졸이며 며칠 동안 꼼짝하지 않고 동생을 간호했다. 마침내 운홍이 정신을 차리고 일어나자 여운형은 할아버지와 부모님을 잃은 슬픔을 단숨에 잊을 만큼 기뻐했다.

한번은 여운홍이 친구들과 놀다가 팔이 부러졌다. 그때도 여운형은 하루 종일 동생을 부둥켜안고 울었다. 여운홍이 미국으로 유학을 갈 때는 고향에 남은 논과 밭을 아낌없이 팔아 학비를 마련해 줄 정도였다. 여운홍도 형의 일이라면 만사를 제쳐 두고 발 벗고 나섰다. 이처럼 두 사람은 형제이며 독립운동의 동지로 우애가 매우 깊었다.

여운홍은 형에게 위험한 일이 닥칠 때마다 꿈을 꾸곤 했다. 한번은 형이 피를 철철 흘리는 꿈을 꾸고는 벌떡 일어나 '아! 형님에게 불길한 일이 생겼구나.' 하고 생각했는데 마침 전보가 왔다. 여운형이 일곱 명의 괴한에게 테러를 당했지만 생명에는 지장이 없다는 전보였다.

여운형이 일본 경찰에 체포되었을 때도 마찬가지였다. 형이 누군가에게 심하게 맞는 꿈을 꾸었던 여운홍은 이튿날 조간신문에서 '여운형, 일경에게 체포됨'이라는 기사를 보았고, 무작정 부산항으로 내려가 형을 기다렸던 것이다.

여운홍도 몇 해 전 일본 경찰에 체포된 적이 있어 형을 압송하던 사토, 사카모토 형사들과 낯이 익었다. 형을 따라 서울행 열차에 올라탄 여운홍은 그들에게 시원한 맥주

▲ **여운형(오른쪽)과 동생 여운홍** | 어릴 때부터 우애가 남달랐던 여운형, 여운홍 형제는 독립운동의 동지로서도 서로에게 큰 힘이 되었다.

▲ **여운형** |1929년 7월 10일 상해에서 일본 경찰에 체포된 여운형이 17일 오후 용산역에 내리고 있다.

를 대접했다. 얼마 후 형사들이 술에 취해 잠들자 여운형 형제는 그동안 쌓였던 이야기를 몇 시간 동안 나눌 수 있었다.

열차가 대전에 도착한 뒤에는 조선일보사의 김을한 기자가 여운형을 인터뷰하려고 했다. 평소부터 여운형을 존경하고 있던 김을한 기자는 여운형이 체포되어 서울로 압송 중이라는 사실을 알고 급히 대전으로 갔다.

김을한 기자가 대전에 도착했을 때 여운형을 태운 서울행 열차도 대전에 멈춰 있었다. 김을한 기자는 곧바로 그 열차에 옮겨 타 여운형을 만날 수 있었다.

"선생님, 저는 조선일보사의 김을한 기자입니다."

"그렇습니까? 반갑습니다."

"이런 데서 이렇게 선생님을 뵙게 되다니……."

김을한 기자가 말을 계속하려는데 잠에서 깨어난 일본 형사들이 기자를 떠밀었다.

"됐다. 그만해라, 그만!"

그날 김을한 기자는 여운형과 이렇다 할 대화를 나누지 못했다. 그럼에도 이때의 만남 덕분에 두 사람은 가까운 사이가 되었다. 나중에 김을한 기자가 결혼을 할 때 여운형이 주례를 맡기도 했다.

훗날 김을한 기자는 여운형에 대해 다음과 같은 글을 남겼다.

> 몽양(여운형)의 성격은 대담 호협하고 너그러워서 누구에게든지 좋은 인상을 주었으며, 용모로나 체격으로나 어디에 내놓더라도 부끄럽지 않은 남자다운 남자였다. 따라서 나는 여운형을 대할 때마다 '여기 미스터 코리아가 있다'고 생각했다. 하루는 몽양과 어깨를 나란히 하여 도쿄에서 가장 번화하다는 긴자 거리를 걷는데 지나가는 사람마다 놀라고 감탄하는 표정으로 우리 쪽을 돌아다보아서 나까지 어깨가 으쓱해졌다. 일본에도 남자는 많지만 몽양만큼 잘생긴 사람은 처음 보기 때문이었으며, 나도 아는 사람은 어지간히 많지만 그같이 준수한 인물은 아직까지 보지 못했다.

이윽고 서울로 압송된 여운형은 경기도 경찰부에 갇혀 열흘이 넘도록 취조를 받았다. 그 뒤 재판을 여러 차례 받은 끝에 3년 형을 선고받고 서대문 형무소에 갇혔다가 나중에는 대전 형무소로 옮겨져 1932년 7월 27일에 풀려났다.

여운형은 감옥에서 하루하루를 그냥 보내지 않고 그물 뜨는 일과 종이를 꼬아서 도구 만드는 일을 배웠다. 그런가 하면 수많은 책을 읽으며 생각을 가다듬고 미래를 준비해 나갔다.

하루는 여운형의 감옥 생활을 감시하던 가와코시라는 간수가 물었다.

"내가 7년 동안 간수로 있으면서 수많은 정치범을 보았지만 여 선생과 같은 사람은 처음입니다. 정치범들은 다들 분노하고 번뇌하며 불평불만만 늘어

호협 |호방하며 의협심이 강함을 뜻한다.

놓는데 선생께서는 늘 밝고 평화로운 표정이시니 그 비결이 뭡니까?"

"내가 내 나라의 독립을 위해 노력하다가 체포된 것인데 무슨 후회가 있겠나? 나는 양심에 따라, 내 스스로 독립운동을 했으니 남을 원망하거나 불평하거나 후회할 이유가 조금도 없네."

대전 형무소에서 풀려난 여운형은 곧 서울로 올라갔다. 그때 서울역에는 여운형의 가족과 친척, 친구들뿐 아니라 수십 명의 신문 기자들이 모여 있었다. 3년 동안 감옥살이를 했으니 조국을 떠난 지 19년 만에야 자유롭게 고국 땅을 밟게 된 것이었다.

여운형이 풀려나자 당시 조선 총독이었던 우가키 가즈시게가 한 번 만나자는 연락을 해 왔다.

"그동안 고생이 많으셨습니다. 그래, 건강은 어떠십니까?"

"견딜 만합니다."

여운형이 대답하자 우가키가 용건을 말했다. 자신의 고문이 되어 조선을 통치하는 데 필요한 조언을 해 달라는 것이었다. 여운형은 이 제의를 정중하게 거절했다.

"나는 그 제의를 받아들일 수 없소."

그러자 우가키와 함께 있던 경무국장 이케다가 다른 제의를 했다.

"지금 여 선생의 가정 형편이 어려운 것으로 알고 있는데 우리가 충청도에 있는 국유지를 줄 테니 그것을 경작해 보는 건 어떻습니까?"

이 말에 대해서도 여운형은 고개를 저었다.

"나는 일본을 배척하고 한국의 독립을 위해 살아왔소. 그런 내가 그 땅을 받아 경작하겠소? 당장 살아갈 일이 막막하지만 당신들의 제의를 거절하겠소."

고문 | 어떤 분야에 전문적인 지식과 경험을 가지고 있어 그와 관련된 의견을 제시하는 직책에 있는 사람을 말한다.

여운형의 주변 사람들 중에서는 조선 총독부의 제의를 받아들이는 게 좋겠다고 권유하는 사람도 있었다. 그러나 여운형은 꿈쩍도 하지 않았다. 오히려 그런 말을 들을수록 조국의 독립을 위해 모든 것을 바치겠다는 다짐이 더욱 깊어졌을 뿐이다.

(비밀 조직, 조선건국동맹)

　3년 동안 감옥에 갇혔다가 석방된 여운형은 8개월 뒤인 1933년 3월 16일, 조선중앙일보사의 사장으로 취임했다. 그 무렵 한국의 민간인이 발행하던 신문 중 가장 영향력이 큰 3대 신문으로는 조선일보, 동아일보, 조선중앙일보가 있었다. 이 가운데 조선중앙일보는 재정 형편이 별로 좋지 않았다. 두 신문에 비해 발행 부수도 적었다. 그래서 이를 두고 당시에 유행하던 우스갯소리가 있었다.

　　조선일보 광산왕은 자가용으로 납시고
　　동아일보 송진우는 인력거로 꺼떡꺼떡
　　조선중앙일보 여운형은 걸어서 뚜벅뚜벅

여운형은 항일 정신이 투철한 사람들을 신문사 직원으로 채용했는데 이에 따라 조선중앙일보 사원들은 수위에서부터 기자, 부장에 이르기까지 여운형과 뜻을 함께하는 독립운동의 동지들이었다. 이렇게 되자 조선중앙일보는 다른 신문사에 비해 더욱 철저한 감시와 탄압을 받았다. 그런 상황을 견디지 못한 여운형이 조선 총독을 찾아가 따졌다.

"내가 신문사를 경영한다는 이유로 지나치게 간섭하는 게 아니오?"

그러자 우가키 총독이 여운형을 달래 주었다.

"그렇다면 미안하게 됐소. 앞으로 경찰과 충돌이 생길 경우 직접 내게 상의해 주기 바라오."

우가키는 여운형의 인품을 높이 평가하며 존경하는 일본인 중 하나였다. 그래서 우가키는 임기를 마칠 때까지 여운형이나 조선중앙일보를 크게 탄압하지 않았다. 하지만 우가키의 후임인 미나미 총독이 부임한 뒤로는 사정이 달라졌다.

조선중앙일보사 직원 중에는 축구나 권투 등의 운동선수 출신도 많았다. 여운형이 워낙 스포츠를 좋아한 데다 형편이 어려운 운동선수들을 돕기 위해 그 사람들을 직원으로 채용했던 것이다. 한번은 조선중앙일보가 주최한 권투 경기가 열렸다. 이때 여운형은 개회사에서 다음처럼 연설했다.

"피를 흘리면서도 싸우고 다운돼도 다시 일어나 싸우는 권투 정신은 우리 청년들이 마땅히 본받을 만한 훌륭한 정신입니다. 남성답게 씩씩하게 싸우십시오. 비겁하지 않게 정정당당히 싸우십시오. 나는 청년이라면 누구든지 아끼고 사랑합니다. 무릇 청년은 진리와 정의를 위해서라면 목숨도 아끼지 않는 가슴을 안고 있기 때문입니다."

여기서 여운형이 말하는 권투 정신은 일제의 압박에 굴복하지 않는 항일 정신을 비유하는 말이다.

1933년 가을, 여운형은 중국 상하이 축구단을 초청해 친선 경기를 가졌는데 그때는 다음과 같은 환영사를 했다.

"우리나라와 중국은 일제의 침략을 받아 똑같은 어려움을 겪고 있습니다. 그러니 운동 정신으로 친선 단결하며 함께 손잡고 독립을 위해 노력합시다."

이처럼 여운형은 스포츠를 독립운동의 한 방법으로 여기며 운동선수들에게도 항일 정신을 일깨워 주었다. 이런 활동에 따라 여운형은 1934년에 조선체육회 회장으로 추대되었다. 조선체육회는 1938년 조선 총독부에 의해 강제로 해체되었다가 해방 후에 다시 조직되었는데, 여운형은 그때에도 대한체육회로 이름이 바뀐 이 단체의 회장으로 추대를 받았다.

1936년, 조선중앙일보는 전국마라톤대회를 주최했다. 이때 손기정 선수가 2시간 25분대의 기록을 세워 우승했다. 손기정은 그해에 열리게 될 베를린 올림픽을 앞두고 깊은 고민에 빠져서 여운형을 찾아가 물었다.

"선생님, 제가 베를린 올림픽에 출전해야 할지 말아야 할지 고민이 많습니다. 어떻게 하면 좋겠습니까?"

"가슴에 일장기를 달고 출전하는 게 원통하지만 반드시 출전하게. 베를린으로 가서 우리 민족의 우수성을 전 세계에 보여 주게."

이 말에 큰 용기를 얻은 손기정은 마침내 베를린으로 출발하게 되었다. 이때 손기정뿐 아니라 농구, 축구, 권투 선수 등 일곱 명의 선수가 함께 출발했는데 모두 일본 대표팀에 속해 있었다. 나라를 잃었으니 어쩔 수 없는 일이었다. 올림픽에 출전할 선수들의 환송회가 열리는 날이었다.

여운형은 일본 경찰의 끈질긴 추격을 따돌리고 재빨리 마이크를 잡고 외쳤다.

조선체육회 1920년에 창립된 단체로 지금의 대한체육회를 말한다.

"비록 일장기를 달고 출전하지만 여러분은 우리 한반도를 등에 짊어지고 있다는 것을 한순간도 잊어서는 안 됩니다."

이윽고 1936년 8월 9일, 손기정 선수는 베를린 올림픽 마라톤 경기에서 우승을 차지해 전 세계를 깜짝 놀라게 했다. 이 소식을 들은 조선중앙일보는 8월 10일 아침 '손기정, 마라톤 세계 제패'라는 호외를 발행했다. 8월 11일자 기사도 손기정의 마라톤 우승 소식으로 온통 채워졌으며 '마라톤 제패, 손·남 양군의 위공'이라는 사설도 실렸다. 더욱 놀라운 것은 사진 속 손기정 선수의 가슴에 붙은 일장기를 지우고 내보냈다는 점이다. 이것이 그 유명한 '일장기 말소 사건'이었다.

오늘날 '일장기 말소 사건'이라 하면 흔히 동아일보를 떠올리는데 사실은 조선중앙일보가 약 12일 먼저 이런 보도를 내보냈다. 다만 조선중앙일보는 재정 형편이 어려워 동아일보에 비해 발행 부수가 적었기 때문에 독자들의 큰 주목을 받지 못했을 뿐이다.

동아일보의 일장기 말소 사건 이후 조선 총독부는 두 신문을 정간시켰으며 사장과 주필, 편집국장, 사진 기자, 체육 기자 등을 불러 조사했다. 며칠 후 조선 총독부는 조선중앙일보에 대해 사장을 바꾼다면 신문 발행을 다시 허가해 주겠노라고 유혹했다. 하지만 여운형 등 조선중앙일보의 주주들은 '조선 총독부에 사과하고 구차하게 신문을 발행하느니 조선중앙일보가 지켜 왔던 방침을 위해 차라리 회사를 해산하겠다'면서 폐간을 선언했다.

이것으로 조선중앙일보는 없어졌고 여운형도 신문사 사장에서 물러났다.

이듬해인 1937년 7월 7일, 중국 베이징 근교의 노구교(루거우차오)에서 이상한 사건이 일어났다. 노구교는 12세기 후반에 만들어진 것으로 길이 266미터, 너비 9미터에 이르는 돌다리이다. 이 다리에는 모두 281개의 돌난간과 기

손·남 | 손기정과 남승룡 선수. 1936년 베를린 올림픽에서 손기정은 금메달을, 남승룡은 동메달을 목에 걸었다.
정간 | 신문 또는 잡지의 발행을 중단시키는 것을 말한다.

둥이 있으며, 기둥 위에는 사자의 모습이 조각되어 있다. 일찍이 이탈리아의 탐험가 마르코 폴로는 이 다리를 구경한 뒤 '세계에서 가장 훌륭한 다리'라고 칭송했다. 그 뒤 서양에서는 이 다리를 '마르크 폴로 브리지'라고 부르기도 한다.

그런데 일제는 이 다리를 건너던 일본군 병사 하나가 실종되었다면서 중국군이 납치한 게 분명하다고 꼬투리를 잡았다. 그 무렵, 일제는 만주를 점령해 꼭두각시 나라인 만주국을 세운 데 이어 아예 중국 본토를 침략할 계획이었다.

일제는 상대를 침략하기 전, 자작극을 벌여 상대 국가에게 죄를 뒤집어씌운 뒤 보복하겠다며 무력을 사용하는 버릇이 있었다. 노구교 사건도 마찬가지였다. 중국을 침략하려는 빌미를 찾기 위해 자작극을 벌인 것이다. 사실 실종되었다는 일본군 병사는 노구교 밑에서 용변을 보았을 뿐이라고 한다.

아무튼 일제는 노구교 사건을 핑계 삼아 마침내 중일 전쟁을 일으켰다. 당시 중국 내에서는 서양 각국이 세력을 다투고 있는 데다 지도자들도 국민당과 공산당으로 나뉘어 서로 정권을 잡기 위해 분열되어 있었다. 따라서 사람들은 대부분 중국이 일본에게 패배할 것이라 생각했다. 여운형을 찾아온 유학생들도 '중국이 6개월 안에 항복하지 않겠습니까?' 하고 물었다.

하지만 여운형은 정반대의 의견을 내놓았다.

"난 이번 일로 일본이 패망할 것이라고 보네."

"네? 왜 그렇게 생각하시는지요? 지금 일본은 수백만의 병력을 갖췄고 사기도 하늘을 찌를 듯 높습니다. 그런 일본이 어떻게 패망한단 말입니까?"

질문을 받은 여운형은 당시의 국제 정세에 대해 차근차근 설명했다. 그런 다음 이렇게 말했다.

"자본주의 국가인 영국과 미국이 중국이라는 거대한 시장을 포기할 것 같은가? 영국과 미국은 중국 시장을 차지하려고 일본의 중국 침략을 그냥 보고만 있지는 않을 걸세. 그러니 일본이 제아무리 강하다 해도 중국과 영국, 미국 세 나라의 힘을 당해 내진 못하겠지. 미국 혼자라도 일본을 항복시킬 수 있는데 하물며 세 나라가 힘을 합친다면 일본이 패망하는 것은 시간문제야. 그렇게 되면 우리도 해방될 수 있으니 자신감을 갖고 미래를 준비해 나가야 하네."

이렇게 말했음에도 그들은 좀체 여운형의 말을 믿지 않았다. 하지만 여운형의 예측대로 중국은 국민당과 공산당이 힘을 모아(국공 합작) 일제에 대항했다. 그런 데다 중국이 영국과 미국의 지원을 받게 됨에 따라 일제는 중국 정복이란 목표를 이루지 못했다. 하는 수 없이 동남아시아로 눈길을 돌린 일제는 미국이라는 걸림돌을 없애기 위해 태평양 전쟁을 일으켰다가 결국 1945년에 패망하고 말았다.

일제는 중일 전쟁을 일으키면서 한국인에 대해서도 황국신민화 정책을 펴기 시작했다. '황국신민'이란 '천황이 다스리는 나라의 신하와 백성'이라는 뜻이다. 다시 말해 한국인을 일본인처럼 만들겠다는 것이 황국신민화 정책이다.

이때부터 모든 학교에서는 한글 대신 일본어만 쓰도록 했다. 결혼식을 비롯한 행사가 열릴 때는 '황국신민서사'를 반드시 외우게 했으며 천황이 있는 동쪽을 향해 절을 올리는 '동방궁성요배'를 강요했다. 한국인의 성과 이름을 일본인처럼 바꾸게 하는 창씨개명을 강요했고 수십만 명의 젊은이들을 강제로 동원해 전쟁터나 광산으로 내몰았다.

일제가 창씨개명을 강요할 때 가장 먼저 성과 이름을 바꾼 사람 중에는 지식인이며 소설가로 이름을 떨쳤던 춘원 이광수도 있었다. 이광수는 '가야마 미쓰로'라고 성과 이름을 바꾼 뒤 다른 사람들에게도 창씨개명을 권유했다.

젊은 시절 2·8 독립 선언을 이끌었던 이광수를 비롯해 기미 독립 선언서를 쓴 최남선, 3·1 운동 때 민족 대표로 나섰던 수많은 지식인들이 친일파로 변절하자 민중들은 매우 큰 충격을 받았다.

일제는 여운형에게도 창씨개명을 해서 일반인들에게 모범을 보이라고 강요했다.

"여 선생 같은 분이 창씨개명을 해야 다른 사람들도 나서지 않겠습니까?"

"나라를 빼앗긴 것도 원통한데 조상 대대로 물려받은 성을 바꾸고 이름을 고치란 말인가? 난 절대 그럴 수 없네."

여운형이 창씨개명뿐 아니라 신사 참배나 동방궁성요배 등 일제의 황국신

민화 정책을 모두 거절하자 당시 악명을 떨치던 종로경찰서 형사들이 여운형을 불렀다.

"당신은 무슨 이유로 신사 참배와 국방헌금을 거절하는 것이오?"

"내가 왜 일제의 정책을 따라야 하나? 신사 참배든 국방헌금이든 모두 내 자유이니 더 이상 강요하지 마시오."

이렇게 되자 조선 총독부와 일본군까지 나섰다. 당시 미나미 총독의 비서인 시오바라, 용산 조선군 사령부의 지휘관 등이 여운형을 찾아가 황국신민화 정책에 앞장설 것을 강요했다. 물론 그들은 여운형의 완강한 거절로 뜻을 이루지 못했다.

▲ **신사 참배** | 일제 강점기에 일본은 천황의 이데올로기를 한국인에게 주입하기 위해 곳곳에 신사를 세우고 한국인들로 하여금 강제로 참배하게 했다.

1940년 3월, 여운형은 일본 육군성 병무국장인 다나카의 초청을 받아 도쿄를 방문했다. 중국으로 떠날 예정이었던 다나카가 여운형에게 편지를 보낸 것이다.

"여 선생께서 중국의 정치 지도자인 장제스(장개석), 왕징웨이(왕정위) 등을 만나 우리 일본의 뜻을 전해 주시면 고맙겠습니다."

이에 따라 여운형은 도쿄를 방문했다. 여운형은 다나카의 초청으로 일본을 방문한 것이지만 실제로는 일본의 정치가와 군인, 지도자들을 만나 그들이 한국을 어떻게 통치할 것인지 새로운 정보를 알아낼 목적이었다. 그리고 도쿄에 유학하고 있는 청년들을 모아 앞날에 대비하려는 목적도 있었다.

여운형은 도쿄에 도착한 뒤 다나카와 이런 저런 이야기를 나누다가 뼈아픈 충고를 건넸다.

"일본군은 교만하오. 병법에도 군인이 교만하면 반드시 패배한다고 되어 있소. 제1차 세계 대전 때 독일군이 잘 싸우고도 패망한 것은 그들이 교만했기 때문이오. 일본군도 마찬가지이니 나는 이것을 경고하겠소."

이때 다나카가 웃으며 대꾸했다.

"그 말에는 나도 동감합니다. 일본군도 그 점을 주의하고 있습니다."

다나카는 곧이어 본론을 꺼냈다.

"나는 여 선생이 중국 충칭을 방문해 장제스를 만나 주길 바랍니다. 그 활동비로 2000만 원을 드리겠습니다."

당시 2000만 원이면 그야말로 천문학적인 금액이었다. 여운형이 다나카에게 물었다.

"내가 그 돈을 조선의 독립운동에 모두 쓰겠다면 어찌겠소?"

"그건 상관없습니다. 일본군이 하루 동안 쓰는 화약 값이 2000만 원이니 그 돈을 다른 데 쓰고 싶다면 마음대로 쓰세요."

그 말을 듣고 여운형은 고개를 저었다.

"난 거짓말을 가장 싫어하는 사람이오. 그래서 당신한테 솔직하게 말하는데 그 제안을 거절하겠소. 대신 도쿄에 머물며 훌륭한 학자들을 만나고 싶소."

이렇게 되자 다나카도 여운형을 회유하려던 처음 계획을 포기하고 오히려 법학 박사이며 일본 육군 대학 교수인 오가와를 소개해 주었다. 오가와는 여운형의 식견과 인격에 크게 반한 나머지 '여운형 선생은 위대한 인격자이며 동양의 거물'이라며 여러 번 칭송했다. 그런가 하면 동료들에게 다음과 같이 말했다.

"내가 여운형 선생을 만나기 전에는 조선인을 아첨과 거짓말만 일삼는 보잘것없는 민족으로 알았소. 따라서 일본이 조선을 통치하는 게 옳다고 생각했다오. 하지만 여운형 선생을 만나고 보니 지금처럼 조선인들을 탄압해서는 안 되겠다는 생각이 들었소."

여운형을 만나 본 오가와는 그 무렵 일본 최고의 정치가이며 일본 수상을 지냈던 고노에를 소개했다. 덕분에 여운형은 고노에를 비롯해 조선 총독을 지냈던 우가키 등 일본의 유명 정치가와 군인, 학자 등을 차례대로 만나 교류하고 귀국할 수 있었다. 그런 뒤에도 일본의 외무대신 마쓰오카 등의 초청을 받아 서울과 도쿄를 여러 차례 오가며 국제 정세를 살폈다.

이 무렵 여운형은 일제가 머지않아 패망할 것이라는 확신을 얻었다. 여운형은 도쿄에 머무는 동안 유학생 등 한국인 청년들과 자주 만나 대화를 나눴다. 하루는 농구 선수로 이름을 날렸던 정상윤이 물었다.

"선생님, 우리 민족은 대체 왜 이런지 모르겠습니다."

"그게 무슨 말인가?"

"어제까지만 해도 독립을 해야 하느니 나라를 사랑해야 하느니 입이 닳도록 떠들던 자들이 하루아침에 창씨개명을 하고 일본 천황에게 절을 해라, 일본군의 무기를 만들기 위해 쇠붙이를 바쳐라 하며 앞장서서 떠들고 있으니 너무 실망스럽습니다."

정상윤은 친일파로 변절해 조선 총독부의 앞잡이가 된 지식인들과 정치가들을 맹렬히 비난했다. 이때 여운형이 타일렀다.

"이보게, 우리가 그렇게 나쁜 민족은 아닐세. 잘 지도하고 훈련하면 세계에서 손꼽히는 우수한 민족이 될 수 있어. 우리 조상은 우수한 문화 민족이었네. 하지만 어느 시대에나 나쁜 자들이 있게 마련이니 너무 실망하지 말게."

"그런데 선생님, 앞으로 시국이 어떻게 될까요?"

"일본은 머지않아 반드시 패망할 거야. 그러니 우리는 지금부터 준비를 해야 하네."

이 말에 다른 유학생들이 왜 그렇게 예측하는지 물었다. 당시에는 일본이 태평양 전쟁을 일으키기 전이었다.

"지금 일본군이 중국을 점령하느라 온갖 만행을 벌이고 있지만 비유를 하자면 중국이라는 수렁에 깊이 빠진 셈이거든. 일본의 침략으로 중국은 국민당과 공산당이 힘을 모았으며 미국과 영국이 중국을 돕고 있으니 일본이 어찌 이길 수 있겠나? 내 생각에는 궁지에 몰린 일본이 미국에게 선전포고를 할 것 같아. 그러나 미국과 일본이 싸울 경우 소련이 미국의 편을 들 것이니 일본은 결정적으로 패망할 거야."

이 말을 들은 청년들은 환호성을 지르며 좋아했다.

그런데 여운형이 서울에서나 도쿄에서나 자꾸 일본이 패망할 것이라 예측하고 그걸 주변 사람들에게 말하자 일제 경찰이 다시 여운형을 철저히 감시하기 시작했다. 그러던 1942년 12월 21일, 일본 방문을 마치고 부산에 도착한 여운형은 일제 헌병에 체포되어 경성 헌병대로 끌려갔다. 그 뒤 여운형은 유언비어를 퍼뜨렸다는 죄로 징역 1년에 집행 유예 3년형을 선고받고 1943년 6월에야 풀려났다.

이때 여운형은 심한 고문을 받은 후유증으로 건강이 극도로 쇠약해졌다. 더구나 집행 유예 기간이라서 항일 운동을 비롯한 정치 활동을 할 수도 없었다. 그럼에도 여운형은 한국이 해방된다는 꿈을 버리지 않았다.

시국 | 현재 맞닥뜨린 나라 안팎의 정세를 말한다.

유언비어 | 아무런 근거 없이 널리 떠돌아다니는 헛소문을 일컫는다.

만약 여운형의 예상대로 일제가 패망한다면 그 순간 한민족은 해방의 벅찬 감격을 맞게 된다. 하지만 그 뒤에는 어떻게 될까? 먼저 일제의 지독한 탄압을 받던 한국의 민중들이 조선 총독부 관리들이나 한국에 살던 일본인들에게 폭력을 써서 보복할 게 분명했다. 일본인들이 약탈했던 재산을 다시 빼앗느라 한국인들끼리 다툴 것이고 행정과 치안은 마비되어 나라 전체가 아수라장이 될 수도 있다.

그렇다면 이런 혼란을 막고 행정과 치안을 담당할 기구가 미리 만들어져야 할 것이며, 그다음에 민주적인 방법과 절차에 따라 새로운 정부를 세워야 비로소 한국은 완전하게 독립을 할 수 있다.

1943년 당시만 해도 이런 상황을 미리 내다본 사람은 거의 없었다. 1945년에 태평양 전쟁이 막바지에 이르러서야 몇몇 독립지사들이 일제가 머지않아 패망할 것으로 예측했을 뿐이다. 그 전까지만 해도 만주나 연해주의 독립운동가들, 저 멀리 충칭으로 옮겨진 대한민국 임시 정부 요인들은 오직 항일 투쟁에만 매달려 있었다.

그들은 일제가 태평양 전쟁에서 패배할 것인지, 아니면 크게 승리해 아시아 전체를 지배하게 될 것인지조차 짐작하지 못했다. 친일파 지식인들은 일제가 승리할 것으로 확신하고 창씨개명을 재촉하거나 학도병으로 나가 싸울 것을 신문과 잡지, 방송 등을 통해 날마다 강요했다. 하루빨리 제2의 일본인이 되어야 한다는 주장이었다. 그들의 강요와 거짓 선전으로 우리 동포들은 전쟁터로, 탄광이나 비행장으로, 일본군 위안부로 내몰렸다.

여운형이 두 번째로 구속되었다가 석방되자 일본 등에서 유학을 마치고 돌아온 청년들이 여운형의 집으로 모여들기 시작했다. 여운형은 이때부터 그

▲ **여운형** |여운형이 조선건국동맹에서 강연을 하고 있다.

들을 하나의 비밀 조직으로 만들어 나갔다. 그리고 해방 1년 전인 1944년 8월 10일에는 마침내 '조선건국동맹'이라는 조직을 창건했다.

여운형을 비롯해 조동호, 현우현, 김진우, 이석구 등이 조직한 조선건국동맹에는 친일파와 민족반역자를 제외하고는 누구나 가입할 수 있도록 했다. 그러나 철저히 비밀을 지켜야 했기 때문에 조선건국동맹에 가입하려면 '3불맹서'를 반드시 지켜야 했다. 3불맹서란 결코 이름을 말하지 않는다는 '불명', 사는 곳을 말하지 않는다는 '불거', 문서를 남기지 않는다는 '불문'의 세 가지를 가리킨다.

조선건국동맹은 중앙을 비롯해 충청도, 경상도, 강원도, 전라도, 황해도, 평안도, 함경도 등 전국 10개 도에 책임위원 등을 임명해 전국적인 조직을 갖추었다. 중앙에는 내무부, 외무부, 재무부 등의 부서를 두었으며 따로 군대를 조직해 만주 등의 독립군을 지휘할 계획도 세웠다. 이 밖에 북중국, 상하이 등의 독립운동가들과 연락할 책임자들이 임명되었다. 전국에 있는 회사와 학교, 대중 단체, 농촌, 공장에도 하부 조직을 만들기로 했다. 이밖에도 따로 농민동맹이 조직되어 조선건국동맹의 활동을 돕게 했다.

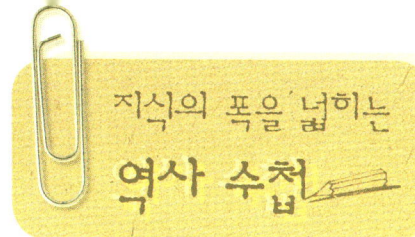

중일 전쟁

일본은 1931년, 만주 지역을 점령해 만주국을 세웠으며 1937년에는 중국 전 국토를 점령할 목적으로 전쟁을 일으켰다. 19세기 말에서 20세기 초까지 중국과 일본은 두 차례의 큰 전쟁을 치렀는데 첫 번째는 한국에 대한 지배권을 두고 일어난 청일 전쟁, 두 번째는 중일 전쟁이었다.

노구교 사건을 일으킨 일본은 수백만 명의 병력을 동원해 베이징, 톈진, 상하이, 난징 등 중국의 대도시들을 차례대로 점령했으며 이때 수십만 명의 중국인들이 학살당했다. 일본은 계속 중국을 공격해 광둥성에서 산시성에 이르는 10여 개의 성(省)과 주요 도시들을 점령했다.

이때 중국 국민당과 공산당이 제2차 국공 합작을 이뤄 일본군과 맞섰다. 처음에 일본은 중국을 쉽게 점령할 것이라 생각했으나 중국이 영토가 매우 넓은 데다 인구도 많아 차츰 깊은 수렁에 빠지는 형세

▲ **난징 대학살 기념관** 중일 전쟁 중 난징을 점령한 일본군이 중국인을 학살한 난징 대학살 70주년을 맞아 2007년 12월 재개관한 중국 장쑤성의 난징 대학살 기념관의 모습이다.

였다. 그럼에도 중일 전쟁 기간 동안 중국인 1200만 명을 학살하는 만행을 저질렀다.

중국 공격 이후 상황이 점점 나빠지자 일본은 불리한 상황에서 벗어날 목적으로 태평양 전쟁을 일으켰다. 그러다가 1945년 8월, 미국의 원자 폭탄 공격을 받고는 끝내 연합국에 항복했다. 결국 일본의 무모한 침략 야욕에서 비롯된 중일 전쟁은 오히려 일본이 패망하게 된 결정적인 원인이 된 셈이다.

(갑자기 찾아온 해방)

　　1945년 8월 15일은 수요일이었다. 늦더위가 한창이던 그날의 아침 해는 유난히 밝고 찬란했다. 며칠 전부터 나라 안에서는 일본이 항복할 것이라는 소문이 파다했다. 그러다가 8월 14일에는 더욱 자세한 소식이 전해졌다.

　　"내일 정오에 천황이 특별 선언을 한대."

　　"무슨 선언? 혹시 항복을 하겠다는 건가?"

　　"라디오 방송을 들어 보면 알겠지."

　　이윽고 8월 15일 정오가 되자 라디오에서는 일본 국가인 '기미 가요'가 흘러나왔다. 곧이어 히로히토 일본 천황의 떨리는 목소리가 들렸다.

　　"나는 세계의 대세와 제국(일본)의 현 상황을 감안하여 비상조치로서 시국을 수습코자 충량한 너희 신민에게 고한다. 나는 제국 정부로 하여금 미국, 영국, 중국, 소련 4개국에 그 공동 선언(포츠담 선언)을 받아들인다는 뜻

충량 | 충성스럽고 선량함을 뜻한다.

을 통고하도록 하였다……."

이렇게 시작되는 천황의 '종전 조서'는 약 4분 40초 동안 방송되었다. 이 종전 조서의 주요 내용은 천황이 포츠담 선언을 받아들여 일본 정부에 전쟁을 끝내도록 지시했다는 것이다.

우리가 흔히 천황의 항복 선언으로 알고 있는 이 방송에서 항복이라는 말은 단 한마디도 없었다. 또 한국을 강제 점령하여 탄압했고 한국인의 얼과 문화를 없애려 했으며 수만 명을 학살한 잘못을 뉘우친다는 말도 없었다. 그저 '천황의 위대한 결단에 따라 전쟁을 끝내겠다'는 선언뿐이었다. 천황의 이 종전 조서는 8월 14일 밤에 녹음된 것을 8월 15일 정오에 방송한 것이었다.

그 즈음에는 라디오를 가진 사람이 그리 많지 않았다. 그래도 사람들은 라디오가 있는 집으로 몰려가 숨죽여 방송을 들었다. 방송이 끝나기도 전에 여기저기서 만세 소리가 터져 나왔다. 꽉 막혔던 봇물이 한꺼번에 터진 듯했다. 사람들은 집집마다 숨겨 두었던 태극기를 들고 거리로 뛰쳐나왔다. 도시의 번화가, 농촌의 장터 할 것 없이 온 나라가 사람들과 태극기로 물결을 이루었다. 곳곳에서 광복을 자축하는 모임이 열렸으며 해방의 기쁨을 알리는 벽보와 노래들이 온 나라를 뒤덮었다.

을사조약이 맺어진 1905년부터 약 40년 동안 일제의 강제 통치를 받던 한국인은 기나긴 어둠이 지나고 새벽이 밝아 오는 모습을 보듯 감격했다. 그래서 8월 15일을 빛을 되찾았다는 의미로 광복절이라 부른다.

정부는 1949년 10월 1일 '국경일에 관한 법률'을 만든 뒤 해마다 8월 15일을 '광복절'로 기념하고 있다. 이 기념식 때는 정인보가 노랫말을 짓고 윤용하가 곡을 붙인 〈광복절의 노래〉를 부른다.

'흙 다시 만져 보자 바닷물도 춤을 춘다'로 시작되는 〈광복절의 노래〉 1절

포츠담 선언 1945년 7월 26일, 독일의 포츠담에서 미국, 영국, 중국 등 3개국의 정상이 회담을 가진 뒤 발표한 공동 선언. 3개국은 이 선언을 통해 일본의 항복을 요구하며, 일본에 대한 연합국의 처리 방침을 발표했다.

의 가사는 해방을 맞기까지 우리 민족이 겪었던 아픔과 고난, 그리고 광복의 기쁨을 담고 있다. 그런데 2절의 가사는 더욱 뜻깊다. 우리 민족의 얼과 문화, 자유를 탄압했던 과거를 잊지 말고 앞으로 한민족이 '세계의 거룩한 빛'이 되도록 힘써 나가자는 뜻이 담겨 있기 때문이다.

> 꿈엔들 잊을 건가 지난 일을 잊을 건가
> 다 같이 복을 심어 잘 가꿔 길러 하늘 닿게
> 세계의 보람될 거룩한 빛 예서 나리니
> 힘써 힘써 나가세 힘써 힘써 나가세.

- 〈광복절의 노래〉 2절

미국의 시인이며 철학자인 조지 산타야나(1863~1952년)는 '과거를 기억하지 못하는 사람들은 그 과거를 되풀이한다'고 했다. 이 말처럼 일제 강점기와 같은 불행한 과거를 되풀이하지 않기 위해서라도 역사는 기억되어야 한다.

미국 등 연합군에게 완강히 버티던 일제가 갑자기 항복한 것은 원자 폭탄 공격을 받았기 때문이었다. 일본군은 1941년 12월, 하와이의 진주만을 기습 공격한 뒤부터 파죽지세로 남태평양의 거의 모든 나라와 섬들을 점령해 나갔다. 이 무렵의 일본은 전투기와 항공모함, 전함, 잠수함 제조 기술이 세계 최고 수준이었다. 조종사들의 전투 능력과 여러 가지 무기의 성능도 최고였다.

일본에게 계속 패배하던 미국은 1942년 6월 5일, 미드웨이 해전에서 승리하면서부터 전세를 뒤집었다. 미국은 이때의 승리를 발판 삼아 일본이 점령했던 남태평양의 섬들을 모조리 차지해 나갔다. 그리고 1944년 여름에는 마

파죽지세 | 대나무를 결에 따라 쪼갤 때처럼 적을 막힘없이 무찔러 나가는 형세를 말한다.

침내 일본 본토를 폭격하기 시작했다.

이 무렵 미국 등 연합국은 동맹국(독일, 이탈리아, 일본 등)에게 승리할 것으로 예상하고 제2차 세계 대전이 끝난 뒤의 세계 문제를 결정하기 위해 여러 차례 국제회의를 열었다. 1943년 11월부터 열린 '카이로 회담', '얄타 회담', '포츠담 선언' 등을 예로 들 수 있다. 이러한 국제 회담은 연합국의 적이었던 동맹국을 처리하는 문제, 동맹국의 지배를 받았던 나라들의 독립 문제 등을 해결하기 위해 열렸으며, 그중에는 한반도에 대한 중요한 결정도 있었다. 그것은 연합국이 일제로부터 한국을 독립시킨다는 것, 한국인들이 독립 정부를 운영할 수 있을 때까지 약 30~40년 정도 신탁 통치를 하겠다는 것 등이다. 나중에 미국과 소련이 한반도를 점령한 데는 이런 국제회의의 의결도 중요한 원인이 되었다.

일본 본토를 공격하기 시작한 미국은 무자비한 폭격으로 일본군의 사기를 꺾고 항복을 요구했다. 하지만 일본 군국주의자들은 주요 도시를 공격당하고 국민과 군인 수십만 명을 잃으면서도 항복하지 않았다. 도쿄에서 1500킬로미터 이상 떨어진 오키나와 섬에서는 약 석 달 동안 미군에 맞서 싸움을 벌이기도 했다.

이처럼 일본이 좀처럼 항복하지 않자 미국은 인류 역사상 처음으로 원자 폭탄을 사용하기로 결정했다. 이에 따라 1945년 8월 6일, 히로시마 하늘에서 첫 번째 원자 폭탄이 투하되었다. 사흘이 지난 8월 9일에는 나가사키에도 원자 폭탄이 떨어졌다. 태양의 표면 온도와 맞먹는 섭씨 5000도 이상의 열과 초속 280미터의 폭풍, 치명적으로 목숨을 빼앗는 방사능이 두 도시를 송두리째 잿더미로 만들었다. 원자 폭탄으로 일본인 21만 명이 목숨을 잃었고 그곳에 있던 한국인을 비롯한 외국인들도 약 7만 명이 숨지거나 방사능의 피해를 입었다.

원자 폭탄의 위력에 놀란 일본 제국주의자들은 더 이상 미국에 대항하기는 어렵다고 판단해 항복을 선언했고 이렇게 태평양 전쟁이 끝남과 동시에 제2차 세계 대전도 비극적인 막을 내렸다.

일제가 패망함에 따라 광복을 맞은 한국인들은 해방의 기쁨을 누렸지만 그런 기쁨이 오래가지는 못했다. 해방이 되었다지만 조선 총독부가 전과 다름없이 한국인을 지배하고 있었으며 국토가 남한과 북한으로 나뉘었다는 소식이 전해졌기 때문이다.

"아니 해방이 되었다면서 조선 총독부는 왜 남아 있는 거야?"

"미국의 맥아더 장군이 조선 총독에게 '미군이 도착할 때까지 계속 남한을 통치하라'고 지시했기 때문이래."

"그러면 우린 조선 총독부 대신 미군의 통치를 받게 된 것이니 진정으로 해방된 게 아니로군."

"하지만 미군이 일본인들처럼 우릴 악독하게 탄압하겠나? 더구나 그들은 우리 정치 지도자들이 정부를 세울 때까지만 다스린다고 했으니 몇 년 안에 물러날 거야."

이 대화처럼 둘로 나뉜 한반도의 남쪽은 미국이 점령했고 북쪽은 소련이 점령했다. 그때부터 현재까지 우리나라는 세계 유일의 분단국가로 남게 되었다.

이처럼 한반도가 분단된 것은 일본이 항복하기 직전 소련이 갑자기 태평양 전쟁에 개입했기 때문이다. 소련은 미국, 영국과 함께 연합국의 하나였다. 그럼에도 태평양 전쟁 때는 줄곧 강 건너 불구경하듯 지켜보기만 했다.

태평양 전쟁이 막바지에 이를 무렵, 미국은 일본의 항복을 받아내기 위해 소련에 도움을 청했다. 소련은 그때까지만 해도 소극적인 태도를 보이다가 미국이 일본 히로시마를 원자 폭탄으로 공격하기 직전에야 선전 포고를 했다. 그런 다음 만주 지역에 있던 일본군을 공격하며 빠른 속도로 북한 지역으로 내려오기 시작했다.

이렇게 되자 일본 대신 한반도를 점령하려던 미국이 다급해졌다. 자칫하면 한반도 전체를 소련에게 빼앗길지 모른다는 염려 때문이었다. 그래서 급히 38도선을 기준으로 한반도를 둘로 나누어 소련과 미국이 각각 점령하기로 합의했던 것이다.

따라서 이런 국제 정세를 뒤늦게 알게 된 정치인들과 독립지사들은 갑자기 찾아온 해방이 반갑기는커녕 원망스러울 지경이었다. 조금만 더 시간이 주어졌다면 우리의 힘만으로 하나의 자주 독립 국가를 세울 수 있었을 텐데 그렇게 되지 않은 것이 아쉽고 억울했다.

일제가 항복했음에도 조선 총독부 관리를 비롯해 일본 경찰과 군인, 사업가, 한국에서 살던 일본인들이 한반도에서 본격적으로 철수를 시작한 것은 같은 해 9월 8일 무렵부터였다.

9월 8일은 미군이 인천에 상륙한 날이었다. 이때 태평양 미국 육군 총사령부 맥아더 대장의 이름으로 포고문이 발표되었다. 그 내용은 미군이 한반도의 북위 38도선 이남 지역을 점령함에 따라 남한에서 군정을 편다는 것, 남한 사람들이 미군정의 지시를 따르지 않을 경우 엄하게 처벌한다는 것, 군정 기간 중에는 영어를 공용어로 사용한다는 것 등이다. 이런 포고문과 함께 9월 12일에는 아널드 소장이 군정 장관에 취임했다.

여기서 군정이란 전쟁 중이거나 전쟁이 끝난 지역을 점령군이 임시로 통치하는 것을 말한다. 미군정은 대한민국 정부가 세워진 1948년 8월 15일까지 약 3년 동안 실시되었다. 따라서 조선 총독부의 통치를 받던 한국인들은 조

선 총독부 대신 미군정의 지배를 받았던 것이다. 이때 북한 지역에는 소련군이 들어와 북한에 사회주의 정권이 들어서도록 압력을 넣었다.

세계의 역사를 보면 전쟁에서 이긴 나라들이 패배한 나라가 지배했던 지역과 재산을 차지하거나 전쟁 배상금을 받는 것을 당연히 여겨 왔다. 한반도도 마찬가지였다. 미국과 소련은 일제를 항복시켰다는 명분으로 남한과 북한을 점령해 각각 자기 나라 군대를 주둔시켰다. 하지만 당시만 해도 자주적인 통일 정부가 세워질 때까지 임시로 지배하려고 했다는 게 일본의 식민 통치와 크게 다른 점이었다.

이보다 앞서 일본이 항복하기 전 나라 안팎에서 독립운동을 펼치거나 자주 정부를 세우려고 했던 세력은 크게 셋으로 나뉜다. 충칭에 있던 대한민국 임시 정부, 옌안(연안)의 조선독립동맹, 국내에서 여운형이 조직한 조선건국동맹 등이었다.

대한민국 임시 정부는 1940년 9월, 중국 충칭에 자리 잡은 뒤 김구 주석을 중심으로 기틀을 다져 나갔다. 임시 정부는 이청천을 총사령관으로 하는 한국광복군을 창설했다. 처음에 30명으로 출발한 한국광복군은 1945년에는 약 800명 정도로 성장했지만 아직 미약한 규모였다.

이처럼 한국광복군은 숫자도 적고 무기도 제대로 갖추지 못해 1941년 11월부터 1945년 5월까지 중국 군사위원회의 지휘를 받을 정도로 힘없는 군대였다. 그럼에도 한국광복군은 태평양 전쟁 때 일제에 선전 포고를 했으며, 영국군과 미국군을 도와 전투에 참여했다.

한국광복군이 일제에 전쟁을 선포한 것은 자주 정부를 세우기 위한 준비 작업이었다. 만약 연합국의 도움만으로 해방이 될 경우 한반도는 연합국이 지배할 것이므로 한국인 스스로 정부를 세우는 게 어려워진다. 따라서 광복

소련 '소비에트 사회주의 공화국 연방'의 줄임말로 이 연방에 속한 11개 국가는 1991년 해체되었으며 대신 '독립국가 연합'이 만들어졌다. 여기서 말하는 소련은 지금의 러시아를 가리킨다.

옌안 중국 산시성 북부 황허(황하) 유역에 있는 도시이다.

▲ **한국광복군** | 대한민국 임시 정부의 국군으로 1940년 9월 17일 중국 충칭에서 창설되었다.

군은 하루빨리 연합국의 한 부대가 되어 일제에 전쟁을 선포하는 길을 택했다. 그래야 당당하게 한국의 자주독립을 요구할 수 있기 때문이었다.

따라서 대한민국 임시 정부가 군대를 조직해 일본과 전쟁을 하려고 했던 일은 당시로서는 훌륭한 선택이었다. 하지만 일본이 너무나 갑자기 항복하는 바람에 광복군은 이렇다 할 전투도 벌이지 못한 채 해방을 맞았다. 그런 데다 미국과 소련이 한반도를 나누어 점령하겠다고 선언했기 때문에 광복군은 어리둥절할 뿐이었다.

대한민국 임시 정부와 조선독립동맹이 나라 밖에서 독립 전쟁을 벌인 데 비해 조선건국동맹은 국내에서 가장 먼저 정부 수립을 준비한 세력이었다. 조선 총독부는 천황이 항복 방송을 하기 몇 시간 전인 8월 15일 아침에 여운형에게 나라 안의 행정권과 치안권을 넘겨주었다.

여운형은 바로 그날 저녁, 국내에서 활약하던 독립지사와 정치인, 지식인들을 만나 '조선건국준비위원회'를 조직했다. 여운형이 이처럼 빨리 독립 정부를 세울 만한 조직을 만들 수 있었던 것은 한 해 전에 조직했던 조선건국동맹이라는 바탕이 있었기 때문이다. 다른 지도자들이 갑자기 찾아온 해방에 허둥지둥하는 동안 여운형은 미리 계획하고 준비했던 일을 착착 진행시킬 수 있었다.

여운형이 조직한 조선건국준비위원회 회원들은 경찰과 공무원을 대신해 치안, 행정 등을 맡았다. 이는 해방 직후의 혼란기를 큰 어려움 없이 넘기는 데 중요한 역할을 했다. 조선건국준비위원회의 활약 덕분에 일본인들도 별다른 보복을 당하지 않고 철수할 수 있었다.

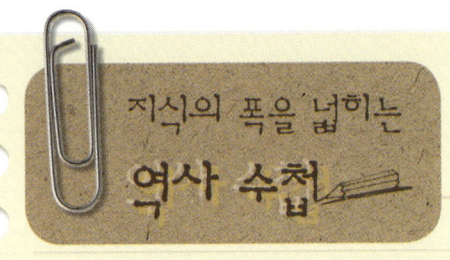

정부 수립과 건국의 차이는 무엇일까?

몇 해 전, 8월 15일을 '광복절'이 아닌 '건국절'로 바꿔 부르자는 사람들이 있었다. 하지만 이런 주장은 거의 모든 국민들의 반대에 부딪혀 잠잠해졌다.

지금 우리가 기념하는 8월 15일에는 두 가지 의미가 있다. 하나는 1945년 8월 15일에 우리나라가 일제로부터 해방되었다는 의미이며, 다른 하나는 1948년 8월 15일에 대한민국 정부가 수립되었다는 의미이다. 따라서 8월 15일은 광복절이며 정부 수립 기념일이다. 그런데 일부 사람들이 이날을 뜬금없이 건국절로 바꿔 부르자고 한 것이다. 이렇게 될 경우 많은 문제가 있다.

건국이란 말 그대로 국가(나라)를 세운다는 뜻이다. 국가란 영토와 국민, 주권의 세 가지가 갖춰져야 성립한다. 일제 강점기에 우리가 잃은 것은 주권이었을 뿐 영토와 국민은 그대로 남아 있었다. 그러다가 해방 후 3년 동안의 시련을 거쳐 민주공화국인 대한민국 정부가 세워진 것이다. 이로써 우리 국민은 잃었던 주권을 되찾았다.

그런 까닭에 1948년 8월 15일 '정부 수립 선포식' 때 중앙청(옛 조선 총독부 건물) 앞에 걸린 현수막에는 '대한민국 정부 수립 국민 축하'라고 적혀 있다. 다시 말해 나라가 아니라 정부를 세운 것을 축하하는 행사였다. 더구나 우리 정부는 3·1 운동 정신을 살려 세워진 대한민국 임시 정부에 그 뿌리를 두고 있으며, 이 내용은 우리의 헌법이 여러 차례 바뀌었지만 지금까지 계속 남아 있는 구절이기도 하다.

따라서 8월 15일을 건국절로 바꾸자고 주장하는 것은 대한민국 임시 정부라는 뿌리를 없애자는 말과 같으며 더 나아가 반만년 동안 이어진 우리의 역사를 부정하는 일이기도 하다. 그런 뜻이 아니라면 나라를 세우는 일(건국)과 정부 수립의 차이를 잘 몰라서 하는 말일 수도 있다.

그런 점에서 여운형이 조직한 '조선건국동맹'이나 '조선건국준비위원회'란 이름도 '조선정부수립동맹', '조선정부수립준비위원회'로 정하는 게 옳았을 것이다.

(조선 총독부와 미군정)

　1945년 8월 초순, 미국의 원자 폭탄 공격 소식에 놀란 조선 총독부는 항복을 앞두고 한반도에서 안전하게 철수할 방법을 찾기 시작했다.
　"우리가 항복하면 조센징들이 가만두지 않을 텐데요?"
　"그렇습니다. 우리가 조선에서 모은 재산을 모두 빼앗을 테고 우리에게 탄압을 당했던 자들은 보복을 하겠다며 들고일어날 것입니다."
　"그렇다면 어떻게 해야 할까요?"
　"조센징들에게 영향력이 큰 인물과 협상해 행정권과 치안권을 넘겨주면 되지 않을까요?"
　이런 의견에 따라 조선 총독부 관리들은 동아일보사 사장을 지냈으며 민족주의자로 잘 알려진 송진우를 여러 번 불러 그런 제의를 했다.
　"송 선생, 우리가 행정권과 치안권을 넘겨드릴 테니 조선을 잘 다스려 주

조센징 일제 강점기에 일본인들이 한국인을 낮춰 불렀던 호칭이다.

시기 바랍니다."

이때 송진우는 고개를 저었다.

"나는 그럴 생각이 없소. 우리에겐 대한민국 임시 정부가 있으니 임시 정부 요인들에게 권한을 넘기는 게 좋겠소."

이처럼 송진우가 거듭 거절하자 조선 총독부 관리들은 마침내 여운형에게 매달렸다. 그들은 처음부터 여운형을 염두에 두고 있었다. 그럼에도 선뜻 여운형에게 제안을 하지 못한 것은 송진우가 보수적인 성향인 데 비해 여운형은 진보적인 인물이었기 때문이다. 그 무렵 일본 제국주의자들은 사회주의자나 진보주의자들을 매우 싫어했다.

1945년 8월 14일 저녁, 조선 총독부 경무국장이 여운형을 찾아가 말했다.

"여 선생, 엔도 총감께서 급히 뵙고 상의할 일이 있다고 합니다. 내일 아침에 시간을 내주시겠습니까?"

"그리하리다."

이때 여운형은 몇 가지 중요한 정보를 알게 되었다. 한반도를 미국과 소련이 나눠서 점령한다는 것, 남한에 미군이 상륙하기 전까지는 조선 총독부가 계속 통치한다는 것, 그리고 한반도에 완전한 독립 정부가 세워질 때까지 북한은 소련군이, 남한은 미군이 각각 통치한다는 것 등이다.

이런 사실을 알기 전만 해도 여운형을 비롯한 조선건국동맹 지도자들은 크게 들떠 있었다. 그래서 여러 신문을 통해 해방을 알리는 호외를 찍게 하고 방송국을 통해서는 우리말과 영어로 전 세계에 한국의 독립을 알릴 준비를 하게 했다. 그러다 미국과 소련이 한반도를 나눠서 점령하게 된다는 것을 알고는 모든 계획을 취소했다.

여운형은 8월 15일 아침, 조선 총독부 정무총감인 엔도 류사쿠와 마주 앉

았다. 이날 엔도는 시무룩한 표정을 지으며 말했다.

"짐작하셨겠지만 일본은 패배했습니다. 오늘이나 내일쯤 천황 폐하가 공식적으로 발표를 하실 겁니다. 이제부터 우리 일본인의 생명은 선생께 달렸으니 잘 부탁드립니다."

중일 전쟁이 일어났을 때부터 여운형이 예상했던 일이 마침내 현실이 된 것이다.

"그렇다면 내게도 조건이 있소. 당신들이 안전하게 철수하려면 그 조건을 받아들여야 할 것이오."

"말씀해 보십시오."

이때 여운형은 다섯 가지 조건을 내걸었다.

"첫째, 한국의 모든 정치범과 경제범을 즉시 석방하시오. 둘째, 서울 시민이 3개월 이상 먹고 살 수 있을 만큼의 식량을 마련해 주시오. 셋째, 한국인이 치안을 맡는 데 있어 조선 총독부는 어떤 간섭도 하지 마시오. 넷째, 일본 근로자들로 하여금 우리의 건설 공사에 협력하게 하시오. 다섯째, 한국 학생들의 훈련과 청년들의 조직 활동을 방해하지 마시오."

"좋습니다. 모든 조건을 받아들이겠습니다."

이렇게 하여 여운형은 조선건국동맹을 중심으로 독립 정부를 세울 기틀을 마련했다. 이날 조선 총독부로부터 행정권과 치안권을 넘겨받은 여운형은 곧 치안대를 조직했으며 조선건국동맹 회원들에게 독립 정부를 세우는 데 필요한 여러 가지 사항을 준비하게 했다. 그리고 서대문 형무소로 달려가 한국인 정치범과 경제범을 즉시 석방할 것을 요구했다. 그때 형무소장이 대답했다.

"조금 전 윗분들에게 말씀을 들었습니다. 하지만 여러 가지 행정 절차가 필요하니 오늘 석방하는 것은 곤란하고 내일 아침에 모두 석방하겠습니다."

이런 약속을 받아 낸 여운형은 그날 저녁 독립 정부를 세우기 위해 새로운 조직을 만들었다. 그것이 바로 앞에서 말한 '조선건국준비위원회'였다. 여운형은 국내에서 활약하던 여러 지도자들을 만나 조선건국준비위원회에 참여할 것을 부탁했다. 이때 좌익과 우익 세력을 가리지 않고 수많은 사람들이 여운형의 요청을 받아들였다. 하지만 비율로 볼 때 좌익 세력이 훨씬 많았다. 특히 우익 세력에 속하는 송진우는 조선건국준비위원회에 참여하는 걸 크게 반대했다.

송진우는 여운형의 제안을 받고는 고개를 저었다.

"나는 충칭에 있는 임시 정부 지도자들이 새 정부를 만들어야 한다고 생각하오. 그러니 당신들이 정부를 세우겠다며 함부로 나설 일이 아니오."

송진우의 말을 들은 여운형이 몇 가지 이유를 들어 반박했다.

"나도 충칭 임시 정부를 중요하게 생각하는 사람이오. 게다가 대한민국 임시 정부는 내가 조직한 신한청년당에 그 뿌리를 두고 있으니 내가 어찌 임시 정부를 가볍게 생각하겠소? 하지만 임시 정부는 나라 밖에서 30년 동안 머물렀기에 국내에 기반이 없지 않소? 일제의 탄압에 직접 맞섰던 3000만 민중의 지지를 받기에는 한계가 있단 말이오. 또한 해외에서 독립운동에 이바지한 단체는 임시 정부뿐 아니라 미주, 연해주, 만주, 시베리아 등 각지에 있소. 그런 모든 단체와 지도자들의 노력 또한 임시 정부에 버금가는 것이니 어찌 임시 정부만 특별히 대우한단 말이오? 나는 독립운동 조직을 모두 동등하게 대우하는 게 옳다고 생각하오."

이런 주장은 나중에 김구의 귀에도 들어갔다. 그렇지 않아도 여운형의 진보적인 사상을 탐탁하게 여기지 않던 김구는 귀국한 뒤 여운형과 담을 쌓고 지냈다. 하지만 두 사람은 여운형이 상하이에서 신한청년당을 조직할 때부터

가깝게 지낸 사이였다. 한국에 있던 김구의 가족들을 상하이로 피난시킬 때 여운형이 큰 도움을 주기도 했다. 그 뒤 대한민국 임시 정부의 요인들이 이념과 재정, 운영 문제 등으로 갈등에 휩싸이자 김구와 여운형도 사이가 벌어진 것이다.

따라서 여운형은 임시 정부 요인들에게만 새 정부를 만들 자격이 있다는 송진우의 주장을 반박한 것이다. 송진우도 여운형의 의견을 조금도 받아들이지 않았다.

"아무튼 나는 좌익 세력이 득실거리는 조선건국준비위원회에는 참여할 생각이 없어요."

당시 송진우와 같은 보수적인 우익 세력은 사회주의자나 공산주의자 등의 좌익 세력을 적으로 여겼다. 여운형은 조선건국준비위원회를 조직할 때 친일파를 빼고는 모든 세력이 조선건국준비위원회에 참여해 힘을 모아야 한다고 설득해 나갔다.

"지금은 우리 스스로 정부를 세우는 게 중요한 것이지 좌익이니 우익이니, 사회주의니 민족주의니를 따지는 건 어리석은 일입니다. 서로 힘을 합쳐야 합니다."

그럼에도 조선건국준비위원회에 참여한 우익 세력은 별로 많지 않았다. 이런 가운데 여운형은 1945년 8월 15일 저녁에 조선건국준비위원회를 조직했고, 이때 위원장에는 여운형, 부위원장에는 안재홍이 추대되었다.

이튿날 오전에는 전국 각 형무소에 갇혔던 독립지사들이 모두 석방되었다. 여운형은 서대문 형무소와 마포 형무소로 찾아가 풀려난 독립지사들과 인사를 나눴다.

그날 오후에는 휘문 중학교 운동장에 수천 명의 학생과 청년 등 군중들이 모여들었다. 특별히 집회가 예정된 것도 아닌데 그들은 다 함께 모여 여운형의 연설을 듣겠다며 입을 모았다.

"우린 몽양 선생을 뵙고 독립 정부를 어떻게 만들어 나가실지 말씀을 듣고자 합니다. 어서 몽양 선생을 초청해 주시오."

그 말을 전해 들은 여운형은 모든 일을 제쳐 두고 휘문 중학교 운동장으로 달려갔다. 여운형이 나타나자 군중들은 우레와 같은 박수로 환영했다.

"여러분! 마침내 우리 민족은 해방이 되었습니다. 어제 아침, 나는 엔도 총감을 만나 다섯 가지 조건을 내걸고 행정권과 치안권을 넘겨받았습니다. 이제 우리는 민족 해방의 첫걸음을 내딛게 되었으니 지난날의 아픈 기억은 이 자리에서 모두 잊고 합리적이며 이상적인 낙원을 이 땅에 건설해야 합니다. 개인적인 영웅주의는 없애 버리고 모두 마음을 하나로 모읍시다. 이제 곧 여러 곳으로부터 훌륭한 지도자가 들어올 것이니 그분들이 귀국할 때까지 우리들은 작은 힘이나마 모아서 앞날을 준비합시다."

여운형이 연설을 마치자 군중들은 정말로 해방이 되었다는 걸 실감했다. 다시 한 번 우레와 같은 박수와 환호가 이어졌다.

군중들의 환송을 받으며 휘문중학교 운동장을 떠난 여운형은 곧 YMCA 건물로 가서 조선건국준비위원회 발족식을 가졌다. 이때 조선건국준비위원회의 강령도 발표되었는데 그 내용은 다음과 같다.

1. 우리는 완전한 독립 국가를 세우는 데 힘쓴다.
2. 우리는 민주주의 정권을 세우는 데 힘쓴다.
3. 우리는 민주주의 정권이 세워지기 전까지 나라와 사회의 질서를 지키는 데 힘쓴다.

이런 강령에서 알 수 있듯이 조선건국준비위원회는 민주주의를 바탕으로 하는 완전한 독립 국가를 세우는 데 목적을 두었다.

며칠 뒤, 전국 곳곳에서는 <u>우후죽순</u>처럼 정당과 사회단체가 조직되어 나라 안의 혼란은 이루 말할 수 없었다.

"그동안 우리가 조선 총독부 때문에 얼마나 억눌려 지냈는가? 이번 기회에 우리도 세력을 모아 정권을 잡아야겠어."

"맞아. 며칠 후면 조선 총독부 대신 미국이 군정을 세워 통치한다니 그 전에 우리가 자리를 잡아야지."

"아암! 우리가 여운형만 못한 게 뭐 있겠나? 우리도 조선건국준비위원회처럼 조직을 만들면 되지."

많은 사람들이 이런 생각으로 아무개 정당이니 아무개 연합회니 하며 조직을 만들었다. 이처럼 갑작스럽게 만들어진 수백 개의 정당이나 사회단체들은 서로 성격이 비슷한 단체들끼리 연합하거나 하나로 합쳐지기도 했고 때로는 이념이 다르다며 갈라지기도 했다. 그래서 날마다 아무개 정당의 발기 대회, 창당 기념식 등이 열렸고 서로 패싸움을 벌이기 일쑤였다. 그럴수록 일반 민중들은 혼란스럽기만 했다.

이런 때여서 조선건국준비위원회도 짧은 기간 동안 수많은 변화를 겪었다. 더구나 여운형은 1947년 숨질 때까지 열 차례가 넘는 테러를 당했다. 여운형의 목숨을 노리는 세력도 한둘이 아니었다. 어떤 날은 우익에 속하는 세력이, 어떤 날은 좌익에 속하는 세력이 으슥한 밤길에 여운형을 죽도록 때리거나 칼로 찌르고 도망치는 일이 계속 이어졌다.

좌익과 우익이 서로 경쟁하듯 여운형을 공격한 이유는 무엇이었을까?

3·1 운동 이후 지식인과 청년들은 사회주의에 큰 관심을 가지게 되었고

<u>우후죽순</u> 비 온 뒤에 솟는 대나무 순을 뜻하는 말로, 어떤 일이 한꺼번에 일어나는 것을 비유하는 말이다.

그러다 보니 중요한 정치 세력이 되었다. 그런데 일제 강점기에는 민족주의자든 사회주의자든 목표는 독립을 이루는 것이었다. 1927년에 3만 9000여 명의 회원으로 조직된 신간회는 좌익과 우익의 두 세력이 힘을 모아 만들어진 국내 최대의 독립운동 단체였다.

중국에서 국민당과 공산당이 합작해 일제의 침략에 맞선 것처럼 신간회도 좌익과 우익이 뜻을 함께했다. 그런데 두 세력은 독립운동이라는 같은 목적을 가졌지만 방법은 달랐다. 결국 신간회는 갈등을 풀지 못한 채 4년 만인 1931년에 해산되었다.

그때만 해도 좌익과 우익의 갈등이 그리 큰 것은 아니었다. 그러다가 해방을 맞은 뒤로는 두 세력의 대립이 치열해졌다. 이렇게 된 데에는 미국이 전 세

계에 자본주의 국가를, 소련이 사회주의 국가를 세우려고 경쟁했던 영향이 컸다. 따라서 북한에서는 사회주의 세력이 힘을 얻기 시작했고 남한에서는 민족주의와 자본주의 세력이 목소리를 높여 나갔다.

이런 이유로 좌우를 합작해 하나의 독립 정부를 세우려 했던 여운형은 양쪽 모두에게 비난을 받았으며 수없는 테러에 시달려야 했다.

"듣자 하니 조선건국준비위원회에는 공산당 세력이 많다면서요? 난 그런 자들과 함께할 수 없소."

민족주의자들은 이런 핑계를 대며 조선건국준비위원회를 반대했다. 거꾸로 사회주의자들은 여운형에게 '당신은 왜 우익을 끌어들이려고 애쓰는 게요?' 하며 불평을 늘어놓았다.

이처럼 시련을 겪던 조선건국준비위원회는 1945년 9월 6일, 전국인민대표자대회를 열어 '조선인민공화국'이라는 국호를 정하고 중앙 인민위원(50명), 후보 인민위원(20명), 고문(12명) 등을 추대했다. 조선인민공화국은 조선건국준비위원회가 갑작스럽게 만든 새 나라의 이름이며 하나의 정부 조직이었다. 조선인민공화국은 이틀 후인 9월 8일에 선언문, 강령, 시행 방침과 각 부서(정부 조직)의 책임자를 추대해 발표했다.

　이처럼 조선건국준비위원회가 조선인민공화국이라는 정부 조직을 만든 것은 곧이어 상륙하게 될 미군정의 인정을 받기 위해서였다. 미국은 한국인들이 정부를 만들 때까지 남한을 통치할 예정이었다. 따라서 조선건국준비위원회는 이승만, 김구, 여운형 등을 비롯한 국내외의 독립지사들을 모두 중앙 인민위원 등으로 추대해 한국인을 대표하는 기구인 조선인민공화국을 선포한 것이다.

　조선인민공화국이 선언문 등을 발표한 날은 미군이 인천에 상륙한 날이기도 했다. 미군은 상륙한 뒤 여러 차례 포고문을 발표했는데 이때 남한의 유일한 통치 기구는 미군정밖에 없다고 못 박았다. 그리고 조선 총독부를 대신해 미군정이 남한을 계속 지배한다는 것, 미군정의 지시를 따르지 않는 사람들은 엄하게 처벌할 것이며 그래도 듣지 않으면 사형에 처한다고 경고했다.

　따라서 여운형을 중심으로 만들어진 조선건국준비위원회는 겨우 20일 남짓 활동하다가 해체되었으며 조선인민공화국은 이름만 남긴 채 사라졌다.

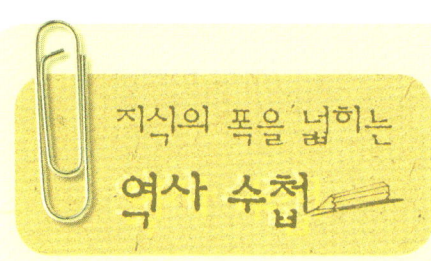

제국주의, 민족주의, 사회주의

제국주의는 군사적으로나 경제적으로 다른 국가 또는 민족을 정복해 큰 나라를 세우는 걸 목적으로 삼는다. 19세기부터 영국, 프랑스 등 서양 강대국이 아시아, 아프리카의 약소국가들을 지배하려고 했던 것도 제국주의에 뿌리를 두고 있다. 그래서 그런 나라들을 '서양 제국주의 국가'라고 부른다. 서양 제국주의 국가들을 흉내 낸 일본도 한국, 대만, 중국, 동남아시아 등을 지배하며 하나의 커다란 나라를 만들려고 했다. 그중 군사력을 가장 중요하게 여기며 무력으로 아시아 전체를 지배하려던 세력을 군국주의자라고 불렀다.

그렇다면 민족주의자들은 어땠을까? 민족주의란 자기 민족을 중심으로 나라를 세우며 민족을 모든 가치의 근본으로 삼는 이념을 말한다. 우리나라에서는 백범 김구를 대표적인 민족주의자로 손꼽고 있다. 김구는 '나의 소원'이라는 글에서 첫째도, 둘째도, 셋째도 우리 민족의 완전한 자주독립이 가장 큰 소원이라고 말한 바 있다. 김구는 어떤 종교나 이념보다 우리 민족과 우리 민족의 자주독립을 가장 중요하게 여긴 인물이었다. 일제 강점기에 우리 민족에게 가장 존경을 받던 세력은 민족주의자들이라 할 수 있다. 하지만 그들은 민족을 중심에 두었기에 다른 나라나 민족을 배척하며 보수적인 모습을 보였다.

한편 사회주의자들은 제국주의나 자본주의를 무너뜨리고 전 세계를 공산주의 국가로 만드는 것을 목적으로 삼았다. 그렇기 때문에 사회주의자들은 자본주의를 반대하지 않는 민족주의자들과 마찰을 일으킬 수밖에 없었다.

▲ 독립운동가이자 정치가였던 백범 김구

뜨거운 감자가 된 신탁 통치

일제가 항복할 무렵 일본인들 못지않게 두려움에 떨던 사람들은 조선 총독부를 비롯해 경찰서, 금융 기관 등에서 일했던 한국인 관리와 친일파 지식인, 자본가 등이었다. 그들은 해방이 되자 어떻게든 목숨과 재산을 지키려고 발버둥 쳤다. 그러다가 미군이 상륙해 군정을 시작할 것이라는 소식을 듣고는 더욱 두려워하며 밤잠을 이루지 못했다.

"미군이 들어오면 우리처럼 일본에 협력한 사람들을 가려내 모조리 처벌한다니 이를 어쩌면 좋겠나?"

"난 요즘 성난 군중들이 보복을 할까 봐 발 뻗고 잠을 잘 수가 없어. 그런데다 미군이 우리를 찾아내 사형시킨다는 소문도 있으니 차라리 지금 죽든가 아니면 외국으로 도망치는 게 낫겠네."

그런데 이렇게 벌벌 떨던 친일파들이 정작 미군이 들어온 뒤에는 목에 힘을 주고 거리를 마음껏 돌아다녔다. 착취를 당하던 민중들뿐 아니라 친일파들 스스로도 놀랄 정도였다.

그들이 일제 강점기와 다름없이 명예와 지위를 버젓이 누리게 된 것은 미군정의 정책 때문이었다. 미군정의 포고문에는 '조선 총독부를 비롯한 공공 기관에서 일했던 사람들은 새로운 명령이 있을 때까지 계속 근무한다'는 내용이 들어 있었다. 따라서 그들은 처벌은커녕 전과 다름없는 지위를 누릴 수 있었던 것이다.

예를 들어 조선 총독부의 총무부 과장이었던 사람은 미군정의 총무부 과장으로 계속 일할 수 있었다. 일제 강점기 때 독립지사들을 추격하고 체포해 고문하는 걸 일삼았던 경찰관들도 마찬가지었다. 조선 총독의 지시를 받던 한국인 경찰은 해방이 되자 약 80~90퍼센트가 도피했다. 그러다가 미군정이 시작되자 언제 그랬냐는 듯 다시 돌아와 경찰관으로 활동했다.

그런 모습을 지켜보던 일반 민중들은 어처구니가 없었다.

"세상에 이런 일이 어딨나? 천벌을 받아야 할 자들이 저렇게 으스대고 있으니 이게 해방된 조국이란 말인가?"

"친일파가 재빨리 친미파로 변신을 했군 그래."

"쉬잇! 말조심하게. 혹시 그자들의 귀에 들어가면 잡혀가 고문을 당할지도 몰라."

그렇다면 미군정이 친일파를 처벌하기는커녕 계속 등용한 이유는 무엇일까? 앞에서 말한 것처럼 미국은 남한을 자본주의 국가로 만들 계획이었다. 그러기 위해서는 미국의 정책을 잘 따라 줄 사람들, 그러니까 친미파가 필요했다. 더구나 미군정 책임자들은 한국의 역사는 물론 한민족의 문화와 풍속, 정치, 행정, 경제 등에 대해 자세히 알지 못했다.

따라서 미군정은 조선 총독부의 정책을 고스란히 이어받았고 그곳에서 일한 경험이 있는 한국인 관리들이 필요했다. 미군정은 조선 총독부의 관리들이 일본 천황에게 충성을 다했든, 같은 민족을 탄압한 일제의 앞잡이였든 그런 과거는 중요하게 여기지 않았다. 오직 자신들의 통치 계획을 잘 따라 줄 관리가 필요했을 뿐이다.

이런 이유로 미군정이 시작되면서부터 친일파 관료들을 비롯해 자본가 등 우익 세력은 재빨리 친미파로 변했다. 특히 이때는 영어를 잘하는 통역관이 크게 우대를 받아 나중에 장관 등 고위 관료가 되기도 했다.

1945년 9월 초에는 우익을 대표하는 송진우, 조병옥, 윤보선 등이 한국민주당(한민당)을 조직했다. 그런데 한민당 세력은 약 4분의 3 정도가 지주이거나 친일파 출신이라 민중들의 지지를 받지 못했다. 그럼에도 그들은 '충칭의 대한민국 임시 정부를 정식 정부로 맞아들이겠다'면서 여운형과 조선건국준비위원회 세력을 모함했다.

"여운형은 일제에 협력한 친일파 정치인이다. 따라서 조선건국준비위원회는 친일파 집단일 뿐이다."

자신들의 친일 행위를 덮으려는 진짜 친일파들이 여운형을 친일파로 몰아갔으니 기가 막히는 일이었다. 이런 모함은 꽤 오래 계속되었다. 예를 들어, 여운형이 태평양 전쟁 때 일제에 충성하겠다는 한시를 썼다거나 청년들에게 학도병으로 나갈 것을 권하는 글을 썼다는 것이다. 더 나아가 일제가 여운형에게 행정권과 치안권을 넘길 때 엄청난 자금을 주었다고 주장하기도 했다. 이런 의혹 때문에 미군정에서는 여운형을 철저히 조사했으나 여운형이 친일 행동을 한 적이 없다는 게 밝혀졌을 뿐이다. 근래 들어서도 민간단체인 민족문제연구소, 정부 기관인 친일진상규명위원회 등에서 철저히 조사한 결과 여

운형이 친일 활동을 했다는 주장은 사실무근임이 밝혀졌다. 만약 여운형이 친일파였다면 정부가 굳이 60년 만에 여운형의 업적을 기려 건국 훈장 대한민국장을 추서할 필요도 없었을 것이다.

그런데 여운형이 친일파라는 모함은 왜 계속 이어졌던 것일까? 그것은 여운형이 친일파였다고 주장한 사람들이 진짜 친일파였기 때문이다. 그들은 해방 이후 자신들의 친일 활동을 덮어 볼 작정으로 급히 친미주의자 또는 반공주의자인 체 돌변한 뒤 물귀신처럼 여운형을 물고 늘어졌다. 특히 여운형과 경쟁 관계에 있던 극단적인 우파 세력의 모함이 심했다. 여운형의 사상은 좌익과 우익을 가리지 않고 폭이 넓었으며 진보적이었다. 그런 나머지 여운형을 시기하는 사람들이 여운형을 친일파, 사회주의자 등으로 공격했던 것이다.

여운형이 일제로부터 엄청난 자금을 받았다는 말을 들은 미군의 아널드 군정 장관이 하루는 여운형을 불러 하지 사령관에게 소개해 주었다. 하지는 여운형을 만나자마자 물었다.

"당신은 일본인의 돈을 얼마나 받았소?"

여운형은 어이가 없다는 듯 되물었다.

"지금 그게 무슨 말이오?"

"당신이 일본인에게 돈을 받았다는 정보가 있소. 솔직히 말해 보시오."

여운형이 다시 당당하게 말했다.

"당신은 미군정의 최고 책임자이며 미국의 정보력은 세계 최고 수준이니 정확한 정보를 알 것이오."

그러자 하지는 슬며시 웃으며 사실대로 말했다.

"내가 자세히 조사해 보니 그 말은 사실무근이라는 것을 알았소. 그런데 지금 한국의 수많은 정치인이 나를 찾아와 여러 가지 부탁을 하는데 당신은 왜 한 번도 나를 찾아오지 않았소?"

하지의 말처럼 권력에 욕심을 낸 정치인들은 매일 미군정의 책임자들을 초대해 연회나 무도회를 열었고 뇌물을 바쳤다. 하지만 여운형은 본래 아부를 할 줄 모르는 데다 그렇게 해야 할 이유도 없다고 생각했기 때문에 미군정이 들어선 지 한 달이 넘도록 그곳과 관련된 사람들을 만나지 않았다.

여운형이 이런 이유를 설명하자 하지는 오해가 풀린 듯 여운형을 정중하게 대우해 주었다. 하지처럼 여운형을 오해했던 미군정 관계자들도 마찬가지였다. 아널드 군정 장관은 임무를 마치고 자기 나라로 돌아갈 때 '여운형이야말로 인격과 능력을 함께 갖춘 한국의 유일한 정치가이다.'라고 평가했다. 미국 공사였던 랭던은 '여운형은 동양의 위인이다. 인도의 간디와 어깨를 견줄 만한 인물이다. 여운형은 혁명가로서 정치적인 식견이 뛰어나며 남을 중상할 줄 모르는 모범적인 신사이다.'라고 칭송했다.

1945년 10월에는 미국에서 활동하던 이승만이, 11월에는 충칭 임시 정부의 주석으로 있던 김구가 차례대로 귀국해 국민들의 환영을 받았다. 이승만, 김구 등 해외의 독립운동가들이 돌아옴에 따라 국내 정치는 더욱 복잡하고 혼란해졌다. 그런 가운데 1945년 말에는 나라 전체가 들썩일 정도의 큰 사건이 일어났다.

1945년 12월 27일, 동아일보의 1면 기사를 본 독자들은 크게 놀랐다. 모스크바 3상회의에서 '소련 대표가 한반도를 신탁 통치해야 한다고 주장했다'는 기사가 실렸기 때문이다. 신탁 통치란 연합국에 속한 몇몇 나라가 국제 연합의 감독을 받는 가운데 아직 독립하지 못한 나라를 정해진 기간 동안 다스리는 것을 말한다. 신탁 통치 제도는 국제 연합이 창설된 후에 만들어졌으며 제2차 세계 대전 이후 전 세계에서 11개 국가가 신탁 통치를 받다가 독립했다.

중상 근거 없는 말로 남을 헐뜯어 명예나 지위를 손상시키는 것을 말한다.

그런데 '자라 보고 놀란 가슴 솥뚜껑 보고 놀란다'는 우리 속담이 있듯 동아일보의 보도를 본 한국인들은 큰 충격을 받았다.

"일제에게 40년이나 강제 지배를 받다가 이제 겨우 해방되었는데 이번에는 신탁 통치를 받으라고?"

"우린 절대 신탁 통치를 받을 수 없다. 여러분! 다 함께 궐기합시다."

이런 여론에 따라 전국적으로 신탁 통치 반대 운동이 일어났다. 이처럼 민중들이 신탁 통치를 반대한 것은 신탁 통치를 일제의 식민 통치와 비슷한 것으로 여겼기 때문이다. 그리고 당시에는 신탁 통치를 받다가 독립한 나라가 없었으니 신탁 통치와 식민 통치가 어떻게 다른지 알 수도 없었다.

그렇다면 모스크바 3상회의에서는 대체 어떤 결론이 나왔던 것일까? 모스크바 3상회의는 제2차 세계 대전이 끝난 뒤의 국제 문제를 협의하기 위해 열렸다. 따라서 한국뿐 아니라 중국과 일본, 헝가리, 루마니아, 불가리아 등 여러 나라에 대한 연합국의 방침이 결정되었다.

이 가운데 한국 문제에 대해서는 네 가지 조항이 있었다.

첫째는 한국(조선)을 민주주의 독립 국가로 발전시키기 위해 하루빨리 한국 민주주의 임시 정부를 세운다는 것이다. 둘째는 한국 민주주의 임시 정부를 돕기 위해 미국과 소련 대표들이 공동위원회를 설치한다는 내용이다. 셋째는 한국 민주주의 임시 정부가 독립할 때까지 약 5년 동안 미국, 소련, 영국, 중국이 신탁 통치를 할 수도 있다는 내용이다. 넷째는 한반도와 관련된 긴급한 문제를 해결하기 위해 2주일 안에 한반도에 주둔하는 미군과 소련군 사령관이 회의를 가진다는 내용이다.

이런 합의문에서 알 수 있듯 한국을 하루빨리 민주주의 국가로 독립시키겠다는 것이 모스크바 3상회의의 핵심이다. 그리고 이를 돕기 위해 미소 공

동위원회를 두며 한국 민주주의 임시 정부의 동의를 받아 5년 동안 신탁 통치를 할 수도 있다는 내용이다.

모스크바 3상회의에서 이런 합의문이 발표된 것은 한국 시간으로 12월 28일이었다. 그런데 동아일보는 공식적인 발표가 나기도 전인 12월 27일에 이런 기사를 실었다. 매우 놀라운 일이 아닐 수 없다.

더구나 동아일보의 기사에는 신탁 통치를 주장한 것은 소련이었으며 이에 대해 미국은 한국의 즉시 독립을 주장했다는 내용도 담겼다. 그런데 이 기사는 사실과 정반대로 보도되었다는 게 밝혀졌다. 여러 차례의 국제회의에서 한국의 신탁 통치를 먼저 주장한 나라는 미국이었기 때문이다.

미국은 1943년부터 일본이 항복할 경우 한국을 신탁 통치하겠다는 계획을 세웠다. 1943년 11월, 이집트의 카이로에서 미국의 루스벨트, 영국의 처칠, 중국의 장제스(장개석)가 회담을 가질 때였다. 세 나라 정상들은 이때 일본이 패망하면 한국을 독립시키겠다는 데 뜻을 모았다. 그런데 미국의 루스벨트 대통령은 '한국인에게는 정부를 이끌어 나갈 능력이 없으니 스스로 독립하기 위해서는 약 30~40년쯤 필요하다. 그 기간 동안 신탁 통치를 해야 한다.'고 주장했다. 그 뒤 얄타 회담, 포츠담 회담, 모스크바 3상회의 때까지 한국에 대한 신탁 통치 주장은 계속 이어졌다.

그런데 동아일보는 모스크바 3상회의에서 소련이 한국에 대해 신탁 통치를 주장한 반면 미국은 한국의 즉시 독립을 주장했다고 보도한 것이다. 이때 우리 국민들은 동아일보의 보도를 사실로 믿고 좌익이나 우익, 남녀노소를 가리지 않고 크게 흥분해 신탁 통치 반대를 외쳤다.

"신탁 통치는 우리의 치욕이니 결사적으로 반대한다."

이 무렵 소련은 남한에서 신탁 통치 반대 운동이 크게 일어나자 당황스러

위했다. 특히 좌익 세력이 신탁 통치 반대를 외친 것에 큰 충격을 받았다. 소련은 신탁 통치가 본래 루스벨트의 제안에서 비롯된 것이며 모스크바 3상회의에서도 미국이 먼저 주장한 게 아니냐고 따졌다. 얼마 뒤 소련의 타스 통신은 '모스크바 3상회의 때 소련은 한국의 신속한 독립을 주장했으나 미국은 한국을 10년 동안 신탁 통치하자고 제안했다. 소련이 다시 신탁 통치를 하더라도 기간을 5년 이내로 줄이자고 제안해 결국 5년으로 결정된 것이다.'라고 보도했다.

이런 사실이 전해지자 남한의 좌익 세력은 1946년 1월 3일부터 갑자기 태도를 바꾸어 '모스크바 3상회의 결정 절대 지지'란 구호를 내걸고 신탁 통치를 찬성하는 찬탁 운동을 벌이기 시작했다. 이에 따라 1946년 1월 초에는 신탁 통치를 반대하는 세력과 찬성하는 세력 사이에 큰 충돌이 일어났으며 반탁 세력은 우익이며 애국자, 찬탁 세력은 좌익이며 매국노로 낙인이 찍혔다.

"신탁 통치를 찬성하는 자들은 공산주의자이며 매국노입니다. 이 땅에서 그 자들을 몰아냅시다."

"우리나라가 진정한 독립 국가가 되려면 모스크바 3상회의의 결과를 받아들여야 합니다. 신탁 통치에 반대하는 자들이야말로 통일을 반대하는 친일파이며 친미파입니다."

좌익 세력은 1946년 1월 23일, 200여 개의 단체와 서울 시민 30만 명이 참석한 가운데 모스크바 3상회의 결과를 하루빨리 실천하라며 대규모 집회를 열기도 했다.

이처럼 신탁 통치는 찬성할 수도, 무턱대고 반대할 수도 없는 뜨거운 감자가 되고 말았다. 신탁 통치를 받아들이는 것은 수천 년의 역사를 이어 온 우리 민족에게 수치스러운 일이었다. 하지만 당시의 국제 정세로는 미국과 소련이 한반도를 '점령'한 때여서 무조건 반대할 수도 없는 처지였다.

그런데 신탁 통치보다 더욱 급한 문제는 남한과 북한이 하나의 민주주의 정부를 세우는 일이었다. 하지만 당시에는 신탁 통치를 찬성하느냐 반대하느냐를 두고 좌익과 우익, 남한과 북한의 극심한 갈등이 일어나 단일 정부를 세우는 일에는 미처 관심을 두지 못했다.

이런 가운데 서울 덕수궁에서는 모스크바 3상회의의 결정에 따라 미소 공동위원회가 시작되었다. 제1차 미소 공동위원회는 1946년 3월부터, 제2차 미소 공동위원회는 1947년 5월부터 수개월 동안 이어졌다.

▲ **미소 공동위원회** | 1946년에 열린 제1차 미소 공동위원회에서 여운형이 미국측 대표들과 대화를 나누고 있다.

미소 공동위원회는 남한과 북한의 단일 정부를 세우는 데 필요한 일을 돕기 위해 열렸지만 미국과 소련은 이 회담을 하면서 의견 충돌만 일으켰다. 결국 제1차 미소 공동위원회가 이렇다 할 결론도 없이 흐지부지 끝날 무렵, 우익 세력에서는 남한에서만 단독 정부를 세우자는 이야기가 슬며시 나왔다.

그러더니 1946년 6월 3일, 전라북도 정읍을 방문했던 이승만이 단독 정부를 세우자고 주장해 큰 파문을 일으켰다.

이승만은 미소 공동위원회가 결렬됨에 따라 통일 정부를 세우는 게 불가능하므로 남한에서라도 정부를 세우고 북한에 주둔한 소련군을 철수시키자고 주장했다. 이승만의 정읍 발언 소식이 알려지자 남한에서는 다시 한 번 커다란 소용돌이가 일어났다. 그 전까지는 우익과 좌익이 싸우더니 이번에는 우익 사이에서도 큰 갈등이 생겨 사회가 더욱 혼란스러웠다. 남한에서 단독 정부를 세우면 북한에서도 소련의 도움을 받아 단독 정부를 세울 것이고 그렇게 되면 한반도가 두 나라로 갈라지게 된다. 이에 따라 김구는 '단독 정부를 세우면 우리 국토가 영원히 분단될 것이며 같은 민족끼리 전쟁을 일으킬 수도 있다'며 이승만의 주장을 반대했다.

그 뒤에도 김구는 단독 정부 수립을 반대하는 운동을 이끌었으며 1948년 4월에는 평양을 방문해 남북한 통일 정부를 세우기 위한 남북 협상에 나섰다. 그러나 이렇다 할 성과를 얻지 못한 김구는 다시 남한으로 돌아왔다가 1949년 6월, 안두희의 암살로 목숨을 잃었다.

결렬 어떤 회담이나 교섭에서 의견을 모으지 못하고 각각 갈라서는 것을 말한다.

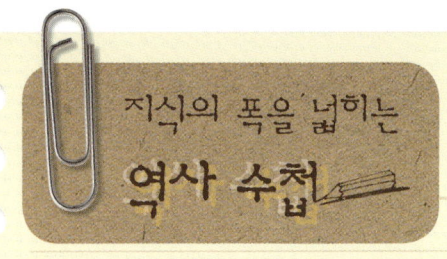

여운형은 공산주의자였을까?

여운형은 평생 독립운동을 펼친 애국지사였지만 여운형이 정부로부터 건국 훈장 대한민국장을 추서받은 것은 세상을 떠난 지 60여 년 만인 2008년의 일이었다. 건국 훈장은 대한민국장, 대통령장, 독립장, 애국장, 애족장의 5등급으로 나눠지므로 여운형의 독립운동 공로는 1등급에 해당한다.

그렇다면 여운형은 왜 60여 년 동안 공로를 인정받지 못했을까? 그것은 여운형이 공산주의자였다는 오해 때문이었다. 실제로 여운형은 고려공산당 당원으로 가입한 일이 있으며 마르크스, 레닌 등 공산주의 이론가의 책을 탐독했다. 게다가 마르크스의 《공산당선언》과 같은 책은 직접 번역하기도 했다.

1917년, 러시아에서 사회주의 혁명이 일어나 공산당이 집권함에 따라 전 세계적으로 사회주의와 공산주의가 널리 전해졌다. 여기서 사회주의란 공정하지 않거나 빈곤한 사회로부터 사람들을 해방시켜 자유롭고 평등한 사회를 만들려는 사회 운동이나 이념을 가리킨다. 그리고 이런 사회주의가 발전한 상태를 공산주의라고 하는데 공산주의는 개인의 재산을 부정하고 공유 재산을 통해 사회나 정치 체제를 만들려는 운동이나 이념을 뜻한다. 사회주의와 공산주의는 본래 뜻은 다르지만 흔히 같은 말로 사용되고 있다.

1920년대 초반부터 대한민국 임시 정부를 비롯한 독립운동 단체나 세력은 우익인 민족주의자와 좌익인 사회주의자로 크게 나뉘었는데 두 세력은 서로 다투기도 하고 필요할 때는 협력하기도 하면서 항일 운동을 펼쳐 나갔다. 그렇다면 여운형은 어느 쪽이었을까? 해방 후 미군정의 관리로 있었던 리처드 로빈슨의 다음과 같은 평가가 여운형의 사상을 잘 말해 주고 있다.

"미 국무성은 여운형을 해방 이후 조선에서 가장 인기 있고 유능한 지도자로 봤다. 여운형은 권력을 추구하지 않고, 국민을 최우선으로 생각했다. 여운형이 공산주의자라는 생각은 틀린 것이다. 여운형은 공산주의를 최대한 이용했을 뿐이며, 민중 정치 기구의 결성을 돕기도 했지만 여운형은 결코 공산주의자가 아니라고 나는 확신한다. 여운형은 공산주의 이론을 믿지 않았고 소련의 편이 아니었다. 여운형은 언제나 한국 편이었다."

이처럼 여운형을 공산주의자로 보는 것에는 무리가 있다. 여운형이 공산당에 가입했고 여운형이 조직했던 조선건국동맹 등에 공산주의자나 사회주의자가 많았기 때문에 그 같은 오해를 받았을 뿐이다.

(미스터리로 남은 죽음)

신탁 통치를 두고 찬성과 반대 세력 사이에 갈등이 일어났을 때 여운형은 어떤 입장이었을까? 여운형은 중도 세력이면서 좌익에 좀 더 가까운 인물이었다. 따라서 여운형의 사상을 가리켜 흔히 중도 좌파라고 부른다.

1946년 6월, 미국의 〈뉴욕타임스〉, 〈크리스천 사이언스 모니터〉, AP통신사, UP통신사 기자 네 명이 여운형과 인터뷰를 했다. 기자들이 물었다.

"사람들이 당신을 공산주의자라고 하는데 어떻게 생각합니까?"

여운형이 되물었다.

"당신들은 중국의 쑨원(손문)을 아시오?"

기자들이 알고 있다고 답하자 여운형이 다시 물었다.

"쑨원이 공산주의자입니까?"

"아닙니다."

"나 또한 쑨원과 같소. 쑨원은 당시 외세의 침략을 받고 있던 중국을 구하기 위해 소련을 인정했고 공산주의자들과 대화를 나눴어요. 우리나라도 지금은 미국과 소련이라는 손님이 찾아와 안방과 사랑방을 차지한 것에 비유할 수 있습니다. 그 손님들은 우리가 스스로 살림을 잘 꾸려 나갈 수 있도록 도와주려고 왔지요. 그런데 어느 한 손님만 편들면서 다른 손님을 모함한다면 주인의 도리가 아니지 않습니까? 나는 두 손님의 의견을 적절히 받아들여 이 아름다운 강산에 새로운 독립 정부를 세우는 일에 뜻을 모아야 한다고 봅니다. 그런데 소련을 따르는 사람들은 우익이니 친미주의자니 하며 나를 비판하고 미국을 따르는 사람들은 좌익이니 공산주의자니 하며 나를 비판하고 있습니다. 나는 좌익과 우익 모두가 뜻을 모아 단일 정부를 세우고 세계에 우뚝 서는 나라를 만드는 데 이바지하고 싶을 뿐입니다."

이날 인터뷰에서 여운형은 당시 한국을 둘러싼 여러 가지 문제들에 대해 자신의 견해를 명쾌하게 밝혔다. 여운형의 답변을 들은 기자들은 찬사를 아끼지 않았다.

"당신이야말로 위대한 민주주의자입니다."

"당신의 말을 통해 한국의 사정을 정확히 알게 되었습니다."

그들은 미국으로 돌아가서도 '한국의 위대한 민주주의자 여운형', '한국의 진보적인 실력자 여운형' 등의 제목으로 그때의 인터뷰 기사를 크게 보도했다.

중도 좌파였던 여운형은 사실 신탁 통치를 찬성하는 입장이었다. 하지만 신탁 통치에 앞서 민주주의 단일 정부를 세우는 것을 더욱 중요하게 여긴 여운형은 신탁 통치에 대해 성급한 결론을 내리지 않았다.

신탁 통치를 반대하던 우익 세력은 미소 공동위원회가 조금도 반갑지 않았다. 신탁 통치를 하기 위해 미소 공동위원회를 여는 것으로 판단했기 때문이다. 하지만 우익 세력의 도움을 받아야 할 미국 대표들은 무작정 신탁 통치를 반대하는 그들이 오히려 껄끄러웠다.

모스크바 3상회의가 끝나자 북한의 김일성 등은 일사불란하게 소련의 정책을 따라 주었다. 이에 비해 남한에서는 신탁 통치를 두고 찬반 의견이 엇갈린 데다 실제로는 신탁 통치를 반대하던 우익 세력이 훨씬 강했다. 따라서 미소 공동위원회에 나섰던 소련 대표에게는 북한이라는 든든한 지원 세력이 있는데 비해 미국 대표에게는 그런 세력이 없었다.

이렇게 되자 미국 대표들은 여운형, 김규식과 같은 중도 세력이 필요해졌다. 그들은 극단적인 좌익 세력이나 극단적인 우익 세력이 아니었기 때문에 서로 협력할 수 있었다. 이에 따라 중도 좌파인 여운형과 허헌, 중도 우파인 김규식과 원세훈 등은 좌우 합작 운동을 펼치기 시작했다. 이 운동은 좌익과 우익이 서로 협력해 통일 정부를 세우는 데 목적을 두었다.

여운형, 김규식 등은 여러 차례 모임을 가진 끝에 좌우 합작에 대한 원칙을 발표했다. 한반도에 민주주의 공화국을 세운다는 것, 국제적으로 신린 우호 정책을 편다는 것, 좌익과 우익을 가리지 않고 진정한 애국자와 혁명가들이면 이 운동에 참여할 수 있다는 것의 세 가지 원칙이었다.

이처럼 중도 세력이 좌우 합작 운동을 시작하자 미국의 아닐드 군정 장관, 하지 사령관 등은 여러 차례 지지 성명을 발표하면서 좌우 합작 운동에 협력했다. 하지만 이때 극단적인 좌익 세력은 여운형 등이 미국 편을 든다며 맹렬히 비난함에 따라 의견이 갈라졌다. 신탁 통치 반대 운동을 펼쳤던 극단적인 우익 세력도 여운형과 같은 공산주의자와는 대화하지 않겠다고 버텼다. 결국 좌우 합작 운동은 큰 장벽에 부딪혔다.

여운형은 1946년 4월과 9월 두 차례에 걸쳐 평양을 방문해 김일성과 회담을 가졌다. 여운형이 북한을 방문하려 하자 주변 사람들이 말렸다.

"김일성이란 자는 선생님보다 나이도 한참 어린데 굳이 회담을 열려면 서울로 오라고 해야지 선생님이 가실 필요는 없지 않습니까?"

"이치를 따지면 그렇지만 남북한 통일 정부를 만드는 일에 선후배를 따지고 체면을 가릴 때가 아닐세. 오직 최선을 다할 뿐이지."

이때 여운형을 수행했던 사람들의 증언이 1972년 4월 13일자 〈동아일보〉에 실렸다.

몽양 선생은 1946년 4월 19일부터 25일까지 평양을 방문하였는데 그때 제가 북에서 몽양 선생을 안내하였습니다. 몽양 선생이 평양에 갔던 것은 이미 미국과 소련 두 나라에 의해 갈라진 한반도를 어떻게 하면 통일시킬 수 있을까 하는 것과 김일성이 어떤 자며 소련군정의 정책은 무엇인가를 알아보기 위한 것이었습니다. 여운형 선생은 남에서 하나가 되고 북에서 하나가 되어 남북이 합치면 통일 정부가 이뤄지리라 생각했으나 김일성이나 공산당은 그렇게 생각지 않았던 것이죠.

— 예비역 준장 이연필의 증언 중에서

저는 몽양 선생을 1946년 4월과 9월, 두 차례에 걸쳐 38선까지 모셔다드렸습니다. 북한에서는 벌써부터 군대 훈련이 엄격하게 실시되어 아랫바지에 모래주머니를 달고 훈련 중이며, 또 만주에서 온 장교들은 서울 종로 거리를 걷고 싶다고 말하더라고 몽양 선생은 전하더군요. 결국 이때 김일성으로부

터 좌우 합작이나 3당 통합에 대한 협조를 얻지 못했던 것 같았습니다.

— 여운형의 운전기사 홍순태의 증언 중에서

이런 증언에서 알 수 있듯이 여운형은 좌우 합작 운동을 성공시키기 위해 김일성과 두 차례 회담을 가졌다. 하지만 남한에서와 마찬가지로 아무런 협조를 받지 못했다. 한편 여운형이 북한을 방문한 데에는 북한의 정세를 살피려는 목적도 있었다. 특히 두 번째로 방북했을 때는 북한에서 이미 전쟁을 준비하고 있음을 목격했다.

여운형이 평양을 다녀온 뒤에 남한에서는 다시 좌우 합작 회담이 열렸다. 1946년 10월 7일에 열린 이 회담에서는 모두 일곱 가지 원칙(합작 7대 원칙)이 발표되었다. 그런데 여운형은 이날 회담에 참석할 수 없었다. 여운형이 회담에 참석하기 위해 집을 나설 때 여러 명의 좌익 청년들이 여운형을 납치해 집 앞 소나무에 묶어 버렸기 때문이다.

여운형은 수없이 테러의 위협에 시달렸지만 그중에서도 위험한 사건이 1945년에 세 차례(8월, 9월, 12월), 1946년에 다섯 차례(1월, 4월, 5월, 7월, 10월), 1947년에 세 차례(3월, 4월, 7월) 있었다. 칼에 찔리거나 밧줄에 묶이는 경우도 있었고 목을 졸리거나 침실이 폭파되는 일도 있었다. 어떤 때는 타고 가던 승용차가 공격을 당하기도 했다. 이런 위험한 일을 당할 때마다 여운형은 타고난 체력과 침착함으로 목숨을 구했다.

한편 이승만의 단독 정부 주장은 우익 중 일부 사람들의 지지를 받았을 뿐, 미군정마저 이 주장에 반대했다. 이 무렵 김구는 '반탁독립투쟁위원회'를 조직해 활동을 시작했다. 이름에서 알 수 있듯이 김구는 신탁 통치를 반대할

뿐 아니라 이승만이 추진하려는 단독 정부 수립도 반대했다.

그러자 이승만은 미국을 방문해 여러 정치가들을 만나 남한만이라도 단독 정부를 세워야 한다고 주장했다. 이승만은 오랫동안 미국에서 활동했고 프린스턴 대학원에서 국제정치학으로 박사 학위를 받았다. 그래서 요즘도 나이 많은 분들은 이승만을 대통령이라는 호칭보다는 '이승만 박사' 또는 '이 박사'로 부른다. 이승만이 미국에서 박사가 된 것이 1910년의 일이었으니 당시로서는 매우 놀라운 일이었다.

이승만이 미국을 방문해 여러 정치가들을 만나던 1947년 3월, 트루먼 대통령은 새로운 외교 정책을 밝혔다. 그것을 '트루먼 독트린'이라고 하는데, 이는 세계적으로 공산주의 국가가 늘어나는 것을 막기 위해 발표된 선언이었다. 트루먼 독트린에는 '우리는 공산주의자들의 위협을 받는 약소국가를 경제적으로나 군사적으로 도울 것이다.'라는 내용도 들어 있다.

트루먼 독트린이 발표되면서부터 전 세계는 자본주의 국가와 공산주의 국가로 나뉘어 본격적인 경쟁을 시작했다. 그 뒤 1980년대 말에 사회주의 체제

▲ **이승만** |독립운동가, 정치가. 1948년 대한민국 초대 대통령이었다.

가 무너질 때까지의 시기를 '냉전 시대'라고 불렀는데 트루먼 독트린으로 냉전 시대의 막이 오른 것이다.

트루먼 독트린에 따라 공산주의를 반대하던 이승만은 큰 힘을 얻었다. 얼마 후 귀국한 이승만은 사람들을 만날 때마다 자신의 공로를 자랑했다.

"내가 미국 국무부 관료들과 만나 남한의 단독 정부 수립에 대해 합의했으니 걱정 마시오. 더구나 미국 정부는 우리에게 경제적, 군사적인 원조를 해 주기로 내게 약속했소."

이때부터 많은 정치인들이 이승만이 주장했던 단독 정부 수립에 관심을 기울였다. 미군정 지도자들도 트루먼 독트린에 따라 정책을 바꿨다. 따라서 1947년 5월 21일부터 10월 18일까지 열렸던 제2차 미소 공동위원회는 길고 지루한 줄다리기만 계속하다가 다시 결렬되었다.

여기서 이승만, 김구, 여운형 세 사람의 주장이 어떻게 다른지 정리해 보자.

이승만은 신탁 통치를 반대했으며 남한만의 단독 정부를 세우자고 주장했다. 김구도 신탁 통치를 결사반대했다. 김구는 이와 함께 남북한의 통일 정부를 만들어야 한다면서 이승만과 미군정을 반대했다. 여운형은 통일 정부를

냉전 시대 |냉전이란 무기를 사용하지 않는 전쟁을 뜻하며, 제2차 세계 대전 이후 미국을 중심으로 한 자본주의 국가들과 소련 중심의 공산주의 국가들 사이에 대립과 갈등이 이어지던 시기를 빗대어 냉전 시대라고 한다.

세우는 게 가장 중요하며 신탁 통치 문제는 그 뒤에 결정하자고 주장했다.

그렇다면 세 사람 중 당시의 국제 정세와 나라의 앞날을 가장 정확하게 읽은 사람은 누구였을까? 많은 사람들은 우리 민족의 자존심을 살리면서도 통일 정부를 세우려고 했던 김구에게 높은 점수를 주었다. 하지만 김구는 암살당하기 전에야 자신이 신탁 통치에 반대한 것을 뒤늦게 후회했다고 한다. 신탁 통치를 받아들였다면 결코 분단국가가 되지 않았을 것임을 깨달았기 때문이다. 이런 점에서 여운형의 주장이 가장 옳았다고 볼 수 있다.

1947년 7월 19일의 일이다. 그날도 여운형은 여러 사람들을 만나 좌우 합작 운동과 미소 공동위원회에 대한 이야기를 나눴다. 그때 한 사람이 말했다.

"요즘 선생님을 노리는 자들이 더욱 많아진 것 같습니다. 당분간 은밀한 곳으로 피하셔야 합니다."

여운형은 주변 사람들에게 이런 말을 수없이 들어 왔지만 대수롭지 않게 여기기 일쑤였다. 이날도 여운형은 껄껄껄 웃고 난 뒤 대답했다.

"지금은 통일 정부를 세우느냐 마느냐 하는 위급한 시기일세. 이런 때에 내 한 몸을 지키려고 통일 정부를 수립하는 일을 포기할 수는 없네. 나는 어쨌든 미소 공동위원회에 관한 일에 전념할 생각이야."

그날 저녁에는 한국의 축구 대표팀이 영국 대표팀과 친선 경기를 가질 예정이었다. 이 경기는 우리나라가 IOC(국제올림픽위원회) 회원국으로 가입한 것을 축하하는 뜻으로 열리는 경기였다. 여운형은 해방 후 대한 체육회 회장을 맡고 있었으며 IOC 회원국이 된 후로는 한국 올림픽 위원회 위원장도 함께 맡았다. 따라서 여운형은 그 경기에 당연히 참석해야 했다.

여운형은 계동에 있는 집으로 돌아가 옷을 갈아입고 곧바로 서울운동장으로 갈 생각으로, 집에 연락해 양복과 와이셔츠 등을 준비하라고 일러두었다.

여운형이 탄 차가 혜화동 로터리에 이르렀을 때였다. 파출소 앞에 서 있던 트럭 한 대가 갑자기 움직이면서 여운형의 승용차를 가로막았다. 여운형이 탄 승용차는 급히 정차했다.

"웬 트럭이 앞을 가로막는 거지?"

뒷좌석에 앉았던 여운형이 물었다.

"글쎄요."

운전기사가 어리둥절한 표정으로 앞을 살피고 있을 때 어디에선가 괴한이 나타나 여운형의 승용차 뒤쪽 범퍼 위로 뛰어올랐다. 그러더니 여운형을 정확히 겨냥해 권총 두 발을 발사했다. 한 발은 여운형의 등에서 배를, 다른 한 발은 어깨 뒤쪽에서 심장을 꿰뚫었다.

경호원이 즉시 여운형을 부축해 병원으로 달려갔지만 채 2분도 지나지 않아 여운형은 목숨이 끊어졌다. 그렇게 수없이 테러 위협에 시달리다가 끝내 테러를 당해 세상을 떠난 것이다.

그렇다면 대체 누가 여운형을 대낮에 암살한 것일까? 경찰에서는 '한지근'이라는 가명을 쓰는 청년의 단독 범행이라고 밝혔는데 미심쩍은 부분이 많아 경찰의 발표를 믿는 사람은 거의 없었다.

그런데 여운형 암살 사건이 일어난 뒤 27년이나 지난 1974년에 공범 네 명이 자수를 했다. 이때 그들의 신분과 배후가 드러났다. 김두한, 장택상 등 우익 세력의 지시를 받은 테러 단체 회원들이 여운형을 암살했다는 것이다. 하지만 그들은 공소 시효가 한참 지난 뒤 자수를 했기 때문에 아무런 처벌도 받지 않았다. 더구나 여운형을 암살한 배후가 정말 우익인지 아니면 좌익인지에 대해서도 정확한 사실이 밝혀지지 않았다. 그래서 여운형의 죽음은 지금까지 미스터리로 남아 있다.

공소 시효 |죄를 지은 범인에 대해 검찰이 고소를 할 수 있는 일정한 기간. 살인죄의 경우 2007년까지는 15년, 2008년부터는 25년이 공소 시효다.

여운형이 암살당했다는 소식이 전해지자 온 국민은 큰 충격과 슬픔에 빠졌다. 여러 정당과 사회단체의 지도자들, 미국과 중국의 정치인들, 각계각층의 저명한 사람들이 여운형의 죽음을 애도하는 글을 바치며 슬퍼했다.

여운형의 장례식은 8월 3일에 치러졌다. 광화문 앞에서 열린 이 영결식에 참석한 추모 인파는 약 60만 명이었다고 한다. 해방 후 이처럼 많은 사람들이 한 자리에 모인 것은 처음이었다. 그만큼 여운형의 죽음은 온 국민을 충격과 슬픔에 잠기게 했다.

여운형의 갑작스런 죽음으로 좌우 합작 운동은 흐지부지 막을 내렸다. 더구나 제2차 미소 공동위원회도 결렬됨에 따라 이승만이 주장한 남한만의 단독 정부 주장이 더욱 힘을 얻었다. 이 무렵에는 북한의 김일성도 공산주의 정부를 세우기 위한 준비를 착착 진행시키고 있었다.

▲ **여운형 장례식** |1947년 8월 3일에 치러진 여운형의 장례식. 추모 인파가 60만여 명에 이르렀다.

이때 미국은 '한반도 문제는 미소 공동위원회에서 해결할 수 없게 되었다. 따라서 유엔(국제연합)이 이 문제를 결정해야 한다.'고 선언했다. 그 뒤 유엔에서는 인구 비례에 따라 남한과 북한에서 총선거를 실시한 뒤 통일 정부를 만들기로 결의했다.

1948년 1월, 남북한 총선거를 감시할 유엔 한국임시위원단 대표들이 서울을 방문한 데 이어 북한을 방문하려고 했다.

그러자 소련은 유엔의 결의가 모스크바 3상회의 때의 합의를 어긴 것이라며 유엔 위원단의 북한 방문을 막았다. 결국 유엔 위원단은 이승만의 주장대로 남한에서만 총선거를 치르기로 결정했다. 그 뒤 남한에서는 대한민국이, 북한에서는 조선민주주의인민공화국이 세워짐에 따라 한반도는 분단국가가 되었다.

우리 역사에서 한반도가 분단된 것은 고려가 후삼국을 통일한 이후 약 1천 년 만의 일이었다.

이런 과정에서 남한과 북한에서는 저마다 비극적인 사건을 겪기도 했다. 해방 후 소련의 영향을 받게 된 북한에서는 공산주의를 고집했다.

이에 따라 조만식 등 북한에서 활동하던 민주주의 세력은 공산주의자들의 심한 탄압을 받았다. 1945년 11월에는 소련의 지배와 공산주의에 반대하던 학생들이 신의주에서 의거를 일으켰다가 23명이 숨지고 700여 명이 부상당한 일도 생겼다. 이를 훗날 신의주 학생 의거로 부르고 있다.

이와 반대로 남한에서는 공산주의를 반대하는 우익 세력들이 남한의 사회주의자를 비롯한 좌익 세력을 몰아내려고 했다.

그러다가 일어난 비극 중 대표적인 사건이 제주 4·3 항쟁이었다.

이 사건은 우익 세력이 제주도에서 활동하던 좌익 세력을 탄압하면서 시작되었다.

하지만 이때 이념과는 아무 관계없이 살고 있던 양민 수만 명이 죄 없이 목숨을 잃었다. 1948년 무렵, 제주도민 30만 명 중 약 8만 명에서 12만 명 정도가 학살되었다고 한다.

지금까지 살펴본 것처럼 여운형은 진보적인 독립운동가로서 신한청년당과 대한민국 임시 정부를 세우는 데 크게 이바지했다.

한때는 일본의 거물급 정치인들을 휘어잡았으며 해방되기 몇 해 전부터 일본의 패망을 내다보고 앞날을 준비했다. 해방 후에는 좌우 합작 운동을 이끌어 통일 정부를 세우려고 끝까지 노력하다가 세상을 떠났다.

여운형은 만능 스포츠맨인 데다 인물이 훤칠했으며 훌륭한 인품을 갖추고 있어 동포들뿐 아니라 저명한 외국인들로부터도 찬사를 한 몸에 받았다. 하지만 여운형의 죽음으로 좌우 합작 운동은 물거품이 되었고 여운형이 바라던 통일 정부는 끝내 세워지지 못했다.

이런 점에서 민주주의 통일 정부를 세우려 했던 여운형, 김구 등의 노력이 결실을 맺지 못한 것은 아직도 분단국가로 남아 있는 오늘날 우리에게 더욱 아쉬움으로 남는다.

양민 | 선량한 백성들을 말한다.

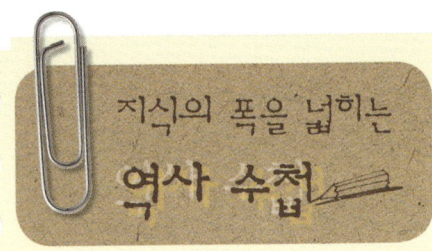

중국 혁명의 아버지, 쑨원

1866년, 중국 광둥성에서 가난한 농부의 아들로 태어난 쑨원은 오늘날 중국의 국부 또는 중국 혁명의 아버지로 추앙받고 있다. 쑨원은 청년 시절, 서구 열강의 침략에 시달리던 중국을 개혁하려는 뜻을 세웠다.

쑨원은 서양 여러 나라를 방문해 견문을 넓히고 삼민주의(민족주의, 민권주의, 민생주의)를 구상했다. 그 뒤 삼민주의는 쑨원의 독특한 통치 이념으로 자리 잡았다.

쑨원은 중국의 우익이라 할 수 있는 중국국민당을 조직하고 이끌었으면서도 나중에는 사회주의 국가인 소련과 연합하며 공산주의를 이해하고 농민과 노동자들이 서로 도울 수 있는 정책을 폈다. 그 결과 쑨원은 지금도 중화인민공화국(중국)과 중화민국(대만) 국민들 모두에게 중국 혁명의 아버지로 추앙받고 있다.

특히 쑨원은 일제 강점기에 중국에서 활약하던 우리나라 독립지사들에게 큰 도움을 주었다. 그런 이유로 한국 정부는 1968년 쑨원에게 건국 훈장 대한민국장을 추서하였다.

▲ 중국 혁명의 선도자였던 쑨원

국부 | 나라를 세우는 데 크게 이바지한, 존경받는 인물을 일컫는다.

깊이를 더하는
역사 수업

▶ 조선 총독부 건물의 운명

조선 총독부 건물의 운영

조선 총독부는 일제 강점기를 상징하는 최고의 통치 기관이었다. 조선 총독부에는 가장 높은 우두머리인 총독이 있었고 총독을 보좌하는 정무총감이 실제적인 업무를 감독했다. 총독부의 조직으로는 총무부 등 다섯 개의 부서가 있었고, 그 밑으로는 아홉 개의 국(局)이 있었다. 이 밖에 취조국, 경무총감부, 재판소, 감옥, 철도국, 통신국, 전매국, 임시토지조사국 등이 있어 각각의 업무를 담당했다.

이처럼 조선 총독부는 일제의 식민 통치를 상징하는 최고의 권력 기관으로 한국인에게 군림했다. 따라서 일제 강점기의 애국지사들과 의열단 등에서는 조선 총독을 암살하고 조선 총독부 건물을 폭파하는 것을 가장 중요한 임무로 삼았다. 실제로 강우규 의사 등은 조선 총독에게 폭탄을 던졌다가 체포되었고, 김익상 의사는 1921년 남산에 있던 조선 총독부에 폭탄을 던져 일제 관리들의 간담을 서늘하게 만들었다.

한편 1926년에 완공된 조선 총독부 건물은 1995년 폭파되어 없어질 때까지 일제와 미군정, 대한민국 정부 청사, 국립중앙박물관 등으로 사용되었다. 조선 총독부 건물의 역사는 우리나라 현대사의 중요한 고비를 상징하기도 한다.

○ 조선 총독부 시기

일제는 한국을 강제 점령한 뒤, 그 전까지 있었던 조선통감부 대신 조선 총독부라는 기관을 설치했다. 조선통감부 건물은 지금의 남산 공원 주변에 위치해 있었으며 경복궁 안에 새로 건물을 짓기 전까지 그곳이 조선 총독부 건물로 사용되었다.

새로운 건물을 지어 총독부를 옮기기로 한 일제는 독일 건축가에게 설계를 맡기고 자그마치 675만 엔이라는 예산을 들여 14년 동안 조선 총독부 건물을 지었다. 이에 따라 당시로서는 동양 최대의 석조 건물인 조선 총독부가 1926년에 완성되었다.

그런데 일제는 조선 총독부 건물을 짓기 위해 조선시대 최고의 궁궐이었던 경복궁 건물 여러 채와 광화문을 헐어 냈다. 조선시대의 상징인 경복궁을 마구 훼손시켜 우리 민족의 정기를 끊으려고 했던 것이다.

이렇게 완성된 조선 총독부 건물은 그 뒤 역대 총독들이 머물며 우리 민족을 억압하고 수탈하는 본거지 역할을 했다.

○ 미군정 시기

일제가 항복한 뒤 미군정이 들어섬에 따라 조선 총독부 건물은 고스란히 미군정청 건물로 사용되었다. 이때부터 건물의 이름도 미군정청으로 바뀌었다.

미군은 1945년 9월 8일, 인천에 상륙한 뒤 9월 14일에는 조선 총독부의 업무를 그대로 이어받았다. 이튿날인 15일에는 각 부처의 국장을 임명했으며 19일에는 조선 총독부란 이름 대신 '재조선 미육군사령부 군정청'으로 건물 이름을 바꿨다. 이것이 미군정청의 정식 명칭이

▲ 조선 총독부 건물 1995년에 완전히 해체되었고 건물의 첨탑 등 일부분만 독립기념관에 보관되어 있다.

다. 그런데 미군은 인천에 상륙하기 전부터 조선 총독부에서 일했던 한국인 관리들에게 이전까지의 업무를 계속 맡아야 한다고 명령했다. 그리고 조선 총독 대신 주한미군사령관, 정무총감 대신 군정 장관으로 이름만 바꾼 뒤 조선 총독부의 기구들을 그대로 두었으며 조선 총독부의 중요한 통치 정책도 그대로 이어 나갔다.

○ 중앙청 시기

1948년 5월 10일, 남한에서는 총선거가 실시되어 헌법을 제정할 국회 의원인 제헌 의원이 선출되었다. 이때 당선된 의원들은 곧 헌법을 제정해 7월 17일에 공포했다. 그 뒤로 이 역사적인 날을 기념하기 위해 7월 17일을 국경일인 제헌절로 정했다.

이 무렵에는 국회의원들의 간접 선거를 통해 이승만이 초대 대통령으로 선출됨에 따라 대한민국 정부가 세워졌다. 정부는 같은 해 8월 15일, 옛 조선 총독부 건물이었던 중앙청 앞에서 정부 수립을 축하하는 행사를 열었다. 이것으로 3년 동안 이어졌던 미군정 시기는 막을 내렸다. 그 뒤 중앙청 건물은 국무총리와 여러 장관들이 사용하는 정부 청사로 사용되었다.

○ 국립중앙박물관 시기

한동안 조선 총독부 건물을 청사로 쓰던 정부는 그 뒤 정부의 규모가 커짐에 따라 새로운 청사(정부종합청사, 과천정부청사)를 짓고 정부 청사를 옮겼다. 그리하여 빈 공간으로 남게 된 조선 총독부 건물은 1986년부터 국립중앙박물관으로 사용되었다.

이렇게 된 것은 일제의 식민 통치를 상징하는 이 건물을 정부의 주요 청사로 사용하는 게 바람직하지 않다는 여론 때문이기도 했다. 그러다가 조선 총독부 건물을 해체하기로 결정함에 따라 정부는 용산에 새로운 건물을 짓고 국립중앙박물관을 이전했다.

○ 해체 이후

1993년, '문민정부'를 이끌게 된 김영삼 대통령은 같은 해 8월 우리 민족의 정기를 되찾고 역사를 바로잡겠다는 뜻으로 조선 총독부 건물을 해체하겠다고 발표했다. 이때 대부분의 국민들은 김영삼 대통령의 결단을 크게 환영했지만 일부 반대하는 목소리도 있었다.

조선 총독부 건물은 준공될 때만 해도 동양 최대 규모의 석조 건축물로 건축사에서 중요한 비중을 차지하는 건물이며 일제 강점기를 상징하는 건물이므로 그대로 두는 게 좋겠다는 이유에서였다. 하지만 일제의 잔재를 청산하고 민족 정기를 되찾기 위해 건물을 완전히 없애고 본래처럼 경복궁 건물과 광화문을 복원하자는 여론이 높았다.

결국 김영삼 정부는 1995년에 조선 총독부 건물을 완전히 해체했고 건물의 첨탑과 일부분민 독립기념관에 보관하게 했다.

▲ **조선 총독부 철거 부재 전시공원** 광복 50주년인 1995년 8월 15일 철거된 조선 총독부 건물의 첨탑 및 철거 부재들은 독립기념관으로 이전되어 역사 교육의 자료로 활용되고 있다.